Sara T.

Retrato de una joven alcohólica

Robin S. Wagner

Sara T.

Retrato de una joven alcohólica

NUEVA
FONTANA

Ediciones Martínez Roca, S. A.

Título original: *Sarah T. Portrait of a teen-age alcoholic.*
Basada en la producción de Universal Television, escrita por Richard y Esther Shapiro. Publicada por Ballantine Books, New York, 1975.

Traducción de J. A. Bravo

Avda. José Antonio, 774 – Barcelona - 13
ISBN: 84-270-0395-1 rustica
ISBN: 84-270-0396-X tela
Depósito Legal: B. 7805 – 1977
Impreso por SAI - Gráfica,
Avda. Fabregada, Hospitalet - Barcelona

Impreso en España – Printed in Spain

1

SARA ALZÓ EL VASO sin despegarlo de los labios, ansiosa por apurar hasta la última gota. Ahora empezaba a sentirse tranquila y relajada. La semana que acababa de transcurrir había sido dura: la primera en una nueva ciudad, y los compañeros de aquella escuela parecían mucho más orgullosos y exclusivistas que los de la anterior. «¿Por qué habré de ir siempre de un lado para otro? —pensó Sara—. ¿Por qué habrá tenido ella que casarse con *ése*?»

«¡Maldita sea!», pensó. No quedaba más, y ahora ellos estaban abajo.

No podría bajar al mueble-bar y sentir la ginebra fresca haciéndole cosquillas en su garganta reseca. ¿Por qué no se iban aquella noche como todas las anteriores, dejando que ella bajase con sigilo a servirse una copa más? Era todo cuanto necesitaba. Sólo una copa más, antes de que empezasen a llegar los invitados.

Aquella noche habría una gran fiesta en casa de los Hodges, pues Matt celebraba su ascenso al cargo de vicepresidente. Sara no sabía de qué era vicepresidente su padrastro, ni le importaba. Sólo sabía que su madre había salido corriendo a comprarse un vestido nuevo, y decidida a pasarse el resto de la jornada en el salón de belleza para que le arreglasen el cabello.

Recordó el día que su madre se casó con Matt Hodges, dos años atrás. En aquel entonces ella tenía trece años, y su hermana Nancy, de veinte, acababa de echarse novio.

—No todas las chicas tienen oportunidad de asistir al casamiento de su madre —había bromeado tía Martha, con las mejillas encendidas tanto por la emoción como por el contenido del vaso que sujetaba firmemente en la mano.

—Apuesto a que os parece una broma todo esto, ¿verdad? —agregó.

—Lo estoy pasando muy bien —aseguró Sara, aunque deseaba que desaparecieran de una vez todas las amistades y visitas de cumplido.

Fue durante la celebración de la boda de Jean y Matt cuando Sara probó la bebida por primera vez. Nancy se había refugiado en un rincón con su novio, y los recién casados no tenían tiempo para fijarse en la niña delgada y morena vestida de rosa. Nadie reparó en la mano pequeña y fina que se alargaba hacia una bandeja de combinados. La bebida tenía un color muy atractivo, y Sara había observado que los asistentes parecían alegrarse tan pronto como el líquido ambarino empezaba a resbalar por sus gargantas.

El combinado, un coctel de whisky, tenía una guinda flotando y una rodaja de naranja adornaba el borde del vaso. Por el aspecto debía de ser cosa buena. Sara corrió a esconderse en el lavabo de señoras y tomó un sorbo. Era dulce, pero luego dejaba un regusto amargo. En conjunto, fue una decepción. Escupió el primer sorbo con repugnancia.

«¡Puaf! ¿Y esto es lo que tanto les gusta? —pensó—. ¡Horrible!»

No obstante, hizo un esfuerzo y bebió otro sorbo.

«Si a ellos les alegra tanto, a mí también me hace falta», se dijo.

Cerrando los ojos, apuró el vaso de un trago, pues debía darse prisa por si alguien quería usar el lavabo. Sintió como una especie de zumbido en los oídos, y su humor triste y deprimido pareció borrarse como por encanto. Ahora estaba de un ánimo un poco más sociable, más dispuesta a soportar a toda aquella gente. Abrió la puerta con precaución para asegurarse de que no venía nadie. Pero una amiga de su madre estaba cruzando el recibidor hacia donde se hallaba Sara. No sabiendo qué hacer con el vaso, lo lavó rápidamente en la pileta y lo llenó de agua.

—¡Hola, Sara! ¿Qué haces ahí?

—Hola, señora Willis. Hacía mucho calor ahí dentro, y como necesitaba un trago de agua y los camareros están muy ocupados...

—Maravillosa ceremonia, ¿verdad, querida? —dijo la señora Willis. Sara observó que ella también había bebido—. Tu madre está preciosa como una verdadera novia.

—Sí que lo está —replicó Sara, encaminándose hacia la puerta. Consiguió librarse de su interlocutora, y se felicitó a sí misma por la rapidez de su reacción.

Así empezó todo, y ahora, dos años más tarde, necesitaba algo más que un trago de vez en cuando. La bebida había llegado a ser un hábito para ella.

—Haz el favor de bajar, Sara —la llamó su madre, al pie de la escalera—. Los invitados van a llegar de un momento a otro, y necesito que ayudes a Margaret para atenderles.

—Ya voy, mamá —gritó Sara.

Con un suspiro, se levantó de la cama y se alisó el vestido. Distraída, empezó a cepillarse su largo cabello moreno, mientras contemplaba en el espejo sus propias facciones, que le parecían feas y vulgares. Le habría gustado ser más guapa, como su madre o su hermana Nancy. Ojalá lograse hacer amigas en la nueva escuela, o conseguir que se fijase en ella aquel chico, Ken Newkirk.

Jean y Matt estaban orgullosos de su nuevo hogar, una casa que había costado setenta mil dólares, emplazada en una maravillosa zona con árboles, al sur de California. Matt era un ex oficial del Ejército, que se mantenía delgado y ágil a sus cuarenta y dos años, y tan erguido como si aún estuviese dispuesto a entrar en batalla de un momento a otro. En efecto, cada día era para él una lucha, con el objetivo de escalar la cumbre. Aquella noche se disponía a celebrar su victoria.

El salón de la residencia de los Hodges estaba decorado con elegancia, y sin perder de vista las últimas tendencias de la moda. Tenía un largo sofá que estaba constituido por elementos, tapizado en espléndido terciopelo de color rojizo. La gran mesa baja de cristal descansaba sobre una bella alfombra persa.

Jean Hodges, alta, delgada, con una melena rubia hasta los hombros, estaba distribuyendo posavasos sobre la mesa de centro cuando Sara bajó por la escalera interior.

—Deberías hacer algo con esos cabellos tuyos, Sara. ¿Es que has de llevarlos siempre como si acabases de levantarte de la cama? Esta noche vienen muchas personas importantes, y me gustaría que causaras buena impresión.

—Pero, mamá, ¿qué le pasa a mi cabello?

—Nada que no pueda arreglarse con un buen cepillado. Ahora ve a la cocina y ayuda a Margaret con los entremeses.

Sonó el timbre de la entrada. Sara vio que su madre componía el gesto y se pasaba la mano por los cabellos para arreglárselos antes de ir a abrir.

—Espabila, Sara. Ya empiezan a llegar. ¡Y por el amor de Dios, haz algo con tu cabello!

—¿Qué tal te va en la nueva escuela, Sara? —la interpeló una mujer completamente desconocida, mientras ella se abría paso entre la muchedumbre de los invitados. Estaba sirviendo bebidas, aunque la gente no reparaba en llenarle la bandeja con platos sucios y servilletas arrugadas.

Sara alzó la mirada con sorpresa, extrañada de que alguien se fijase en ella.

—Pues..., bien... —contestó a la desconocida.

¿Qué le importaría a aquella buena señora? Sara empezaba a estar harta de caras nuevas y de preguntas indiscretas. La hacían sentirse como si estuviera en un escaparate, o como si fuese una mona encadenada y obligada a bailar para diversión de las amistades de su madre y de Matt. Entró en la cocina para dejar los vasos y platos usados, para luego regresar al salón, donde estaba su madre rodeada de admiradores, como siempre. Jean parecía incapaz de ir a ningún lado sin llevar la correspondiente escolta. Era la anfitriona perfecta, capaz de hacer que todos se sintieran a sus anchas. En cualquier fiesta o acontecimiento social, era siempre el centro de la atención, con sus gestos animados y su chispeante conversación. Aquella noche, sin embargo, los amigos que la rodeaban estaban contemplando a Laurie, la primogénita de Nancy.

—¡Es una criatura divina, Jean! —la adulaba una de sus amigas.

—Juraría que se te parece —intervino otra.

—¿Qué se siente al ser abuela por primera vez? —preguntó la primera.

—No hay problema, puesto que Liz Taylor lo ha puesto de moda.

Todos soltaron la carcajada, y el hielo tintineó en sus vasos. El bebé se echó a llorar.

—Con un poco de esto bastará para que se duerma —bromeó uno de los hombres, mientras mojaba un dedo en su vaso y lo acercaba a la boca de la criatura. Sara observó una mirada de contrariedad en los ojos de su madre.

—Seguro que está mojada, mamá. Voy a cambiarla —se ofreció Sara.

—¿No te importa? —preguntó su madre.

—Claro que no. Es mi sobrina.

Con estas palabras tomó de brazos de su madre el pequeño bulto, que se agitaba sin cesar.

«Se acabó la exhibición, pequeña Laurie —pensó Sara—. Al menos, tienes más suerte que yo. A mí nadie me alaba por bonita, y desde luego no se les ocurrirá invitarme a un trago de su bebida.»

Sara subió a su habitación y acostó a la niña en su cama, mientras le hablaba cariñosamente:

—Apuesto a que estás contenta por haber conseguido escapar, lo mismo que yo... ¿A ti te hacen también tantas preguntas estúpidas? «¿Qué te parece la nueva escuela? ¿Sales con muchos chicos? ¿Piensas inscribirte en algún club?» Me gustaría ver la cara que pondrían si yo les preguntase cómo les va en sus negocios...

Arrulló a la niña mientras ésta le tocaba los labios con sus deditos, como si quisiera mostrarse de acuerdo con lo que le decía. Sara la cogió entre sus brazos, pensando que jamás le preguntaría a Laurie si le gustaba o no su nueva escuela. Empezó a mecerla, cantando en voz baja.

—¡Sara!

La voz de Jean interrumpió sus meditaciones.

—Matt quiere presentarte al señor Peterson —dijo su madre.

—Y ¿dónde quieres que deje a Laurie?

—Dámela; yo la acostaré. Tú procura quedar bien. Ya sabes que es muy importante para Matt.

Sara se dirigió a la planta baja, recogió una nueva bandeja en la cocina y pasó al salón. El señor Peterson era el nuevo jefe de Matt, y Sara comprendió que toda aquella fiesta iba dirigida a demostrarle al jefe lo acertado que estuvo al elegir vicepresidente.

Se acercó a los dos hombres, que estaban muy enfrascados en su charla. En contraste con el bien conservado Matt y su delgadez que le daba aspecto juvenil, Peterson parecía mayor y tenía barriga. Pero su aspecto y facciones transpiraban éxito y mucho dinero. Ambos alzaron la vista al acercarse Sara.

—¡Ah, Sara!... Te presento al señor Peterson. Su hijo asiste a la misma escuela secundaria que tú, ¿lo sabías?

Sara conocía perfectamente a Ray Peterson; mejor de lo que ellos se figuraban. Era de la pandilla de Ken Newkirk y de uno de los conjuntos más populares de la escuela.

«¡A buena hora se molestaría él ni en saludarme siquiera!», pensó, mientras negaba con la cabeza.

—Bien, pues ya le conocerás. Pero te advierto que tengas cuidado con mi hijo Ray. Aunque yo sea su padre, considero mi obligación avisarte de que él..., ya sabes... —le guiñó un ojo, con mueca lasciva—. En fin, que se le dan bien las chicas. Pero es buen muchacho, ¿entiendes lo que quiero decir? Nada de fumar petardos..., ni tomar pastillas...

Por lo visto, Peterson se sentía muy a sus anchas mientras detallaba las virtudes de su hijo, y Sara se dio cuenta de que había honrado copiosamente los combinados de la anfitriona. Sonrió con fingido recato, esperando «quedar bien». Matt parecía algo confuso, como si no estuviera muy seguro de sí mismo. Sara se sorprendió al notar su nerviosismo; no estaba acostumbrada a verle deponer sus aires de dominador.

Sonó el timbre, y Matt se puso en pie de un salto para acudir a la puerta. Antes de que se alejase, Sara le llamó la atención con un golpecito en el hombro y le dijo, indicando el vaso con un gesto:

—¿Puedo llevarme esto?

Apenas si pudo disimular la nota de ansiedad en su voz. Necesitaba más que nunca la seguridad que sólo el alcohol podía proporcionarle. Le pareció que no resistiría ni una sola pregunta más acerca de su escuela, sus amigos o sus actividades sociales. Matt apuró el vaso de un trago, con gran contrariedad de Sara, y lo depositó en la bandeja.

—¿Qué decides, Sara? —seguía charlando el señor Peterson, incontenible—. ¿Quieres que le pase a Ray tu número de teléfono?

—Para serle franca, señor Peterson, no me gustan las citas por sorpresa, y estoy segura de que a Ray tampoco le gustaría.

Peterson pareció contrariado.

—Al menos, me permitirás que te invite a tomar algo —dijo con una sonrisa, dejando el vaso vacío en la bandeja de Sara.

«Ya era hora de que dijeras algo sensato —pensó Sara—. Consígueme un trago, y soy capaz hasta de salir con tu Ray.»

—No me dejan —respondió, con angelical expresión de inocencia.

En aquel momento se acercó Jean, muy contenta de sí misma, para manifestar que la fiesta estaba saliendo perfectamente, tal como ella había previsto.

—¿Qué te parece, Jean? Tarde o temprano, la niña tendrá que aprender a beber.

Sara se volvió hacia su madre, quien titubeó ante la pregunta de Peterson. Jean no quería ofender al jefe de su marido, pero por otra parte opinaba que debía mantenerse firme en la regla de no tolerar que Sara probase el alcohol.

—Vamos, vamos —insistió Peterson—. ¿Estamos celebrando el ascenso de Matt, y no vamos a dejar que esta señorita nos acompañe?

—Puede tomar lo que quiera... siempre que no pase de una tónica.

Peterson le hizo un gesto a Sara, invitándola a acompañarle hasta el bar.

—Pues que sea una tónica —dijo Peterson mientras llenaba de hielo dos vasos.

Sara se encaramó a un taburete, observándole llenar de whisky un vaso y de tónica otro.

Le entregó a ella el vaso de tónica y se llevó su whisky a los labios.

—Una regla que siempre le repito a mi chico es: Si has bebido, no aparques el coche. Un accidente ocurre cuando menos se piensa.

Lanzó una carcajada, celebrando su propio chiste. Sara le miró con ansiedad mientras él apuraba la bebida de un trago.

No era justo. Aquellos adultos se tomaban sus cuatro o cinco y hasta seis copas, cuando todo lo que ella necesitaba era un sorbo, un traguito de nada, para calmar sus nervios. ¡Como si ella no tuviera que aguantar lo suyo, también: un nuevo padre, una nueva ciudad, una nueva escuela... y *ni un solo amigo*!

—¡Eh, Bob! —llamó Peterson volviéndose hacia el salón—. Sólo unas palabras antes de despedirnos. Le ruego me disculpe, señorita.

Dicho esto se dirigió hacia la puerta, dejando su vaso olvidado sobre la barra.

«Demasiado bueno para no ser un sueño», se dijo Sara mientras se encaminaba hacia la cocina, con el vaso medio lleno aún firmemente cogido en la mano.

Margaret, la ayudante de los Hodges, lavaba platos cuando entró Sara.

—Oye, Margaret. Mamá dice que faltan emparedados en el salón —mintió Sara.

La mujer estaba al servicio de los Hodges desde la boda, y le había tomado afecto a Sara. A menudo era la única persona que escuchaba sus confidencias.

—En seguida, pequeña —dijo, tomando una bandeja—. Y tú, ¿no quieres uno también? No has comido nada en toda la noche. ¿Te encuentras bien? —insistió, solícita.

—Creo que sí. Apuesto a que tú aborreces las noches como ésta —dijo Sara mientras ambas mordisqueaban un emparedado.

—¿Qué quieres decir?

—Me refiero a esas fiestas, a lo de tener que atender a tanta gente.

—¿Qué tiene de malo? Quiero decir que no es mi manera favorita de pasar las veladas, pero me pagan para eso.

Sara dedicó una sonrisa cariñosa a Margaret mientras ésta salía de la cocina. Mirando rápidamente a su alrededor para asegurarse de que estaba a solas, alzó el ansiado vaso hasta sus labios y se bebió el whisky como si le fuera la vida en ello. Al tiempo de apurar la última gota, se sintió invadida por una calma peculiar, y una sonrisa beatífica iluminó su rostro.

—¡Por fin! —exclamó, volviéndose para salir y reunirse con los demás.

5

2

JEAN DESCORRIÓ LAS CORTINAS del salón. La claridad de la mañana inundó las ruinas dejadas por la fiesta de la noche anterior. Se sentía como si tuviera la cabeza rellena de algodón, e hizo pantalla con la mano ante los ojos, deslumbrada por el resplandor. Pasó revista al escenario de la batalla. La mesa de centro estaba abarrotada de vasos en diversos estados de suciedad. Los emparedados parecían haberse fundido sobre las bandejas. En un rincón había una silla volcada. Cuando se inclinó para levantarla, pudo ver que uno de los invitados había derramado sobre la alfombra el contenido de su vaso. Jean tomó nota de ello mentalmente, para decírselo a Margaret cuando llegase.

Cuando regresó a la cocina, Sara y Matt estaban despachando en silencio el desayuno. Matt se inclinaba sobre el fuego, calentando agua para hacerse un café instantáneo. Sara dejaba colgar la cabeza sobre un tazón de cereal frío; la expresión de su rostro era de malestar.

—Margaret vendrá esta mañana, a Dios gracias. Si tuviera que enfrentarme sola a este desastre, preferiría arrojarme bajo las ruedas de un camión. ¿Es eso todo lo que vas a desayunar, Sara? Te aseguro, Matt —comentó con orgullo—, que la fiesta ha debido de ser de las que hacen época. ¡No te figuras la resaca que llevo encima!

—Toma, prueba esto a ver si alivia tu resaca —replicó Matt, pasándole a Jean una taza de café.

Ella la aceptó con un gesto de agradecimiento, y se puso a darse masaje en la nuca.

Mientras sorbía el café, se dirigió a Sara.

—¿No era hoy el día de tu prueba de ingreso en el orfeón?

Sara alzó la mirada de su tazón, sintiéndose muy deprimida, y asintió. Ella también padecía las secuelas de la noche anterior, pero no deseaba a ningún precio que su madre se enterase.

—¿Has escogido ya la pieza que vas a cantar?

—Todavía no lo he decidido.

A instancias de su madre, Sara había optado por tratar de ingresar en el orfeón del colegio. Pensaba cantar una pieza de Bob Dylan, pero estaba segura de que no gustaría a las demás chicas. Sin embargo, Sara prefería por encima de todo los *blues* y la música de *rock*. Sabía tocar a la guitarra melodías sentidas y melancólicas. Al elegir lo que más le gustaba, confiaba en tener una oportunidad.

Jean se olvidó de ella; estaba rememorando los acontecimientos de la noche anterior.

—¿Te fijaste en tu jefe? ¿Viste al viejo millonario

Peterson tratando de llegar hasta su automóvil plateado?

—No sé si habrá conseguido llegar a casa —hizo eco Matt a las carcajadas de su mujer.

—¿A casa? ¡Yo creí que se pasaría la noche tumbado sobre el césped de nuestro jardín!

Sara contempló a sus mayores con expresión cínica. Eran como críos, con aquello de presumir de su capacidad de aguante, queriendo siempre superarse el uno al otro.

—Muy bien —dijo Matt, adoptando la postura del que ha encontrado una réplica definitiva—, pues ¿qué me dices de tu amiga predilecta, la señora...? Ya sabes a quién me refiero..., la rubia cuyo marido es aquel tipo tan bajito...

—¿Qué pasa con ella?

—Toda una mujer, con mucha clase ella..., ¿no es cierto?

Se puso en pie para imitar a la rubia y continuó:

—«Perdona que te deje con la palabra en la boca, Matt, pero es que voy a salir un rato a tomar el aire.» ¡Y luego sale corriendo, como si quisiera batir el record olímpico de los cien metros lisos en plena calle! Y cuando llegó a la rosaleda..., ¡puaf!

Jean se dobló de risa ante la evocación de su amiga:

—¡No hay derecho! ¡Estás exagerando! —comentó censurando la imitación de Matt.

—¿De veras? —preguntó éste, satisfecho de su éxito—. Esa buena mujer aguanta menos bebida que un vaso rajado.

Con lo nerviosa que estaba Sara ante la prueba que le esperaba en el club de la escuela, sólo le faltaba ver que su madre no se daba cuenta de nada, ni hacía caso de ella.

«Sólo se ocupa de las necedades que cometen sus amigos», pensó Sara mientras recogía sus libros.

Jean no advirtió que su hija se disponía a salir.

—Es una verdadera lástima que no tenga el estómago de hierro como tú —se burló de su marido.

—¿Alguna queja? —replicó él.

—¡Qué va! Estoy impresionada. Nunca he conocido un hombre que después de beber tanto aún fuese capaz de... —miró de reojo a Sara— ...de hacer cuarenta flexiones... antes de irse a dormir.

Matt le devolvió la mirada llena de sobreentendidos, que no escapó a Sara.

—¿Te gustaría saber mi fórmula secreta, Sara? —le preguntó Matt—. Es un pequeño truco que aprendí cuando estuve en Filipinas...

—Ya lo sé. —Había oído el relato muchas veces, sobre todo después de las «celebraciones» de Matt—. Antes de beber, siempre te tomas una cucharada de manteca de cacao —imitó la voz de su padrastro.

—¡Ah, bien! Toma, pues conozco otro que tú no sabes... Tomar al menos una copa bebiendo de una sola vez hasta la última gota. Así estarás segura de no marearte.

Matt y Jean prorrumpieron en una carcajada.

—¿No vas a terminarte el desayuno? —preguntó Jean, atendiendo de pronto a las necesidades de Sara.

—Tengo que irme. De todos modos, no tenía mucho apetito...

—¿Recuerdas el nombre de aquel club del que hablaba la madre de Elaine la otra noche? —inquirió Jean con sincero interés.

Pero Sara tenía prisa por salir de allí.

—La Liga Juvenil para la Represión Sexual —replicó, sarcástica.

—Haz el favor de no contestarme con tanto descaro.

—Estoy muy bien en esa escuela —continuó ella, exasperada—. Tengo muchísimos amigos y amigas, así que ¿no podrías dejar de preocuparte por mí?

—¡Eh! ¿Quieres que te lleve en coche a la escuela? —preguntó Matt.

—No, gracias.

Sara salió para dirigirse al cobertizo donde guardaba la bicicleta. A sus mayores sólo parecía preocuparles que fuese miembro de algún club, así como enterarse de cuáles eran los apellidos de sus amigos. Nada les importaba lo que ella sentía interiormente, su miedo a no saber hacer nuevas amistades, sus problemas de adaptarse a una nueva escuela con nuevos maestros.

Jean siguió a Sara con la mirada unos instantes, y luego se volvió hacia Matt con gesto de perplejidad. Pero, tan pronto como aquélla desapareció de su vista, continuó:

—¡Dios! ¡Tengo la cabeza como un tambor! La fiesta ha debido ser de las que hacen época...

SARA EMPUJÓ A LO LARGO del sendero la bicicleta roja que le había regalado Matt para el primer día de clase. A ella realmente le gustaba ir en bicicleta, pero sus compañeros la miraron con extrañeza cuando se presentó dándole a los pedales. Sin duda, ello no habría ocurrido en su antiguo vecindario, donde todos iban a la escuela utilizando ese medio de transporte. Pero Matt había sabido prosperar mucho más que el padre de Sara, y se mudó con sus flamantes esposa e hija a un barrio distinguido. Allí los jóvenes no usaban la bicicleta para ir a la escuela, sino que se presentaban al volante de coches deportivos o motos de los últimos modelos. Por tanto, Sara dio la nota desde el primer día. No sabía llevar con naturalidad la reciente fortuna de su familia, y además no le gustaba presumir con la riqueza de sus padres, como hacían algunas de sus compañeras.

Cuando Sara se preparaba a montar en su máquina, un Chevrolet Camaro de color azul metalizado frenó ruidosamente junto a la acera opuesta. El conductor hizo sonar el claxon con impaciencia. Sara le reconoció; era Ken Newkirk.

«Le pareceré una facha —pensó Sara deseando que se la tragase la tierra—, con mi bicicleta colorada y mi saco de libros al hombro.»

La puerta de la casa de enfrente se abrió y salió Marsha Cooper, quien saludó a Ken agitando la mano. En seguida corrió hacia el coche a grandes saltos, con su rubia melena al viento. La minifalda y el jersey estrecho realzaban su figura de un modo muy conveniente.

Puesta en jarras, Marsha aguardó a que el acompañante de Ken se apease para hacerle sitio, y ocupó el asiento al lado de su amigo; luego se le arrimó amorosamente y le dio un beso en la mejilla.

Sara estaba demasiado distraída con la escena que tenía lugar dentro del coche, y no se fijó en Margaret, que venía andando por la acera. Así Margaret pudo darse cuenta de todo, hasta que arrancó el automóvil, y se fijó en que Sara lo seguía con la mirada.

—Verás como al final todo sale bien, pequeña —le dijo—. Ya lo verás.

Montando en la bicicleta, Sara volvió el rostro y le dirigió a Margaret una sonrisa dócil y triste. Luego empezó a pedalear en la misma dirección por donde había desaparecido el coche.

El instituto al que asistía Sara estaba rodeado de un extenso césped, con un parque de árboles y arbustos. Alrededor del edificio de una sola planta había además tres pistas de tenis, una cancha de baloncesto al aire libre y dos campos de fútbol. Un sendero circular conducía a la puerta principal. Sara entró en el vestíbulo y leyó el tablero de anuncios. El orfeón iba a reunirse a mediodía.

La mañana se le antojó corta a Sara. Asistió a clases de inglés, arte y matemáticas. Mediada esta última, empezó a experimentar la ansiedad de la prueba que se avecinaba. Era muy importante para ella conseguir el ingreso en el orfeón. Su madre dejaría de darle la lata acerca de su adaptación a la nueva escuela. Iba a enfrentarse a la situación más dura que sufría desde el divorcio de sus padres. Puesta en el conflicto de ser ella misma o ser la persona que su madre deseaba, Sara estaba hecha un abismo de confusión y se sentía muy sola.

Cuando sonó el timbre indicando el final de la clase y los alumnos empezaron a levantarse de sus asientos, el bullicio hizo que Sara volviese a la realidad y al asunto que la preocupaba. Con un ademán decidido, recogió sus libros y salió al vestíbulo.

Al entrar en el auditorio, que estaba a oscuras y con algunos silenciosos oyentes, vio que una chica ocupaba el desnudo escenario, actuando bajo la luz de un solitario foco.

Al cabo de un rato, la intérprete concluyó su actuación y los miembros del jurado se reunieron para deliberar. La presidenta del orfeón se adelantó para anunciar el veredicto.

—Has estado muy bien, Judy —anunció, magnánima—. Los ensayos se celebran aquí mismo, los martes y jueves de cada semana.

Luego se volvió hacia el auditorio semivacío y llamó:

—Ahora le toca a Sara Travis.

Cuando oyó su nombre, Sara se quedó inmóvil en el asiento. Un pánico casi incontrolable paralizaba todos sus miembros; deseaba con toda su alma salir corriendo, escapar y no regresar nunca más. Vio que las miradas de las demás aspirantes estaban fijas en ella.

—Sara Travis... —replicó la presidenta con fastidio—. ¿Ha venido o no?

Volviendo en sí con un esfuerzo, Sara hojeó sus papeles en busca de la partitura. Aunque le temblaban las manos, consiguió encontrarla. Empezó a abrirse paso por entre las hileras de asientos, dando pisotones a las oyentes y perdiendo los papeles a medida que avanzaba.

—Si no estás preparada todavía, Sara, podemos volver a llamarte después de las demás —dijo la presidenta al notar el nerviosismo de Sara.

—No, no. Estoy preparada —replicó mientras se dirigía a la pianista para entregarle la partitura.

De reojo pudo ver que Marsha Cooper figuraba también entre las aspirantes.

Una vez en el escenario, Sara se sintió indefensa, como un insecto atravesado con una aguja para ser expuesto sobre un tablero. Contempló a las chicas, que formaban grupitos de los que salían murmullos y risas disimuladas. A Sara le pareció que se burlaban de ella. La miraban como una bandada de buitres alineados sobre una rama. La pianista atacó los primeros compases de la canción elegida por Sara. Ésta carraspeó, pero la voz se negaba a obedecerle.

—¿Te importaría..., te importaría empezar otra vez? —rogó Sara, ruborizada y confusa.

La pianista se volvió hacia la presidenta, quien asintió con un enérgico gesto de cabeza. La melodía dio principio nuevamente, y Sara cantó con énfasis los primeros versos. Pero cuando atacó el estribillo se dio cuenta de que no sabía cómo continuar. Quiso recordar las palabras que le faltaban, pero su memoria estaba totalmente en blanco. De súbito recordó, fue a reanudar la canción, y empezó fuera de compás. La nota falsa quedó flotando en el silencio del auditorio. La pianista se interrumpió, descansando las manos sobre el teclado, mientras todas las miradas se fijaban en Sara. Apelando a todo su valor, se disponía a solicitar una nueva oportunidad, cuando la presidenta intervino en tono definitivo:

—Gracias por intentarlo, Sara. Ahora le toca a Harriet Bernstein... —añadió fríamente.

—Me parece que si pudiera intentarlo una vez más...

—Hazlo. Estudia y ven a vernos dentro de seis

meses... ¿Harriet...? —agregó; Sara había pasado ya a la historia.

Sara notó que se le llenaban los ojos de lágrimas. Abandonó el escenario con la cabeza gacha, pasó por el suplicio de ver la hilera de rostros indiferentes, que miraban a otra parte con ligera expresión de superioridad, y se alejó mientras Harriet daba comienzo a los primeros compases de su canción.

Cruzó el vestíbulo desierto, caminando sin saber a dónde iba. Se sentía tonta, y al mismo tiempo humillada. Volvió a sonar el timbre, pero ella no pareció darse cuenta, mientras cruzaban a su alrededor los grupos de alumnos y alumnas que convergían en el vestíbulo. Estaba rodeada de jóvenes que reían, charlaban y bromeaban, pero Sara se hallaba sola en medio de la muchedumbre, abismada en sus propios pensamientos. Mientras vagaba así por el vestíbulo recibió un empujón en la espalda. Su meditación se vio bruscamente interrumpida, y todos sus libros fueron a parar al suelo.

—¡Caramba, lo siento! Supongo que andaba despistado. Por favor, deja que los recoja yo.

Sara alzó la vista y vio el rostro amigable y sonriente de Ken Newkirk. Era un muchacho alto, rubio, de ojos color castaño y mirada dulce, muy atractivo.

Ken se agachó y empezó a recoger libros y papeles dispersos.

—¿No nos hemos visto antes? —preguntó al ir a entregárselos—. Eres vecina de Marsha Cooper, ¿verdad?

—¿Eh?

—La que viene en bicicleta al Instituto, ¿no es así?

Ella sonrió para disimular su azoramiento.

—Pues..., a veces.

Después de añadir el último libro que faltaba a la pila que Sara tenía en brazos, él dijo:

—Dicho sea de paso, me llamo Ken Newkirk.

—Sara Travis.

—Bien, pues perdona lo de los libros. Hasta la vista.

Aturdida, Sara se quedó en medio del vestíbulo mientras le seguía con la mirada. Luego se puso a arreglar sus libros con un encogimiento de hombros, y se unió a la procesión de alumnos. La próxima clase era la de ciencias, que por cierto no se le daban demasiado bien. Como andaba despacio, recibió empujones de los que se apresuraban para no entrar con retraso. Sonó el timbre anunciando el principio de la lección. Pero Sara aún no había entrado y le dieron con la puerta de la clase en las narices. No tenía ganas de entrar. De súbito, le asaltó un intenso deseo de volver a ver las familiares facciones de su padre; le echaba terriblemente en falta, se moría por escuchar su voz. Giró sobre sus talones y cruzó el parque en busca de una cabina telefónica.

Jerry Travis solía decir:

—Lo que menos me importa en la vida es saber si llegaré a ser rico o no.

Sara le acompañaba a menudo en su estudio, mientras él daba las últimas pinceladas a un retrato o un paisaje. Ahora, al recordarlo, pensó que aquellas horas pasadas con su padre habían sido las más felices de su vida. Era la única persona que la hacía sentirse amada y necesaria.

Jerry Travis habría preferido ganarse la vida con

su arte, pero Jean quiso que se buscara un empleo más seguro. Obligado a trabajar como agente de ventas, aunque fuese para una galería de arte, Travis odiaba su trabajo y todo lo que éste acarreaba: los viajes, los horarios, las discusiones con los clientes y lo que había que sudar para justificar el sueldo.

Al aceptar aquel empleo, Jerry había querido estar a la altura de las exigencias de Jean. En aquel hogar sólo reinaba la tranquilidad cuando el esposo andaba de viaje. Jean se mostraba entonces de buen humor; parecía otra persona. Pero, aunque Sara sólo era una niña, no dejaba de advertir que algo no marchaba bien entre sus padres.

A menudo los oía discutir; su madre solía gritar:

—¡Si no fuese por las niñas, te plantaría ahora mismo!

Sintiéndose herida y ajena a todo aquello, Sara corría a refugiarse en su habitación y se echaba a llorar.

—Tú y yo nos iremos algún día, solos los dos. A Oregón, quizá. Te lo prometo —le decía su padre.

Pero la última vez hizo las maletas y salió de la casa definitivamente, diciendo:

—Voy a echarte en falta, nena. Telefonéame siempre que me necesites.

«Ahora te necesito», pensó Sara mientras rebuscaba en su bolso para sacar el importe en monedas de la conferencia. Marcó el número de la central.

—Quiero poner una llamada de larga distancia a San Francisco.

Sara introdujo en la ranura la cantidad de monedas que le indicaron y aguardó, conteniendo la respiración, esperando escuchar la voz de su padre. El teléfono llamó dos, tres, cuatro veces. Sara mantuvo el auricular pegado a su oído y contó hasta veinte señales de llamada. Su padre no estaba. Ahora que ella le necesitaba tanto, no se ponía al teléfono. Sentada en la cabina, hizo un esfuerzo por contener las lágrimas.

—Bien, pues si no está en su habitación, ¿tendría la amabilidad de intentar localizarle en el restaurante? Esperaré el tiempo que sea necesario.

Pero no le fue posible hablar con él. Por la tarde, ya de regreso en su casa, volvió a intentarlo. Estaba hablando con la telefonista, cuando alzó la vista al notar, de pronto, que había alguien más en la habitación. Jean, a la que no había visto por estar de pie entre sombras, se adelantó un paso.

—Ya sé que es una llamada de larga distancia. Puedes descontármela de mi asignación, si quieres —dijo Sara poniéndose a la defensiva.

—Sabes que eso no es necesario, Sara. Puedes llamar a tu padre siempre que quieras. —Jean hablaba con amabilidad, y se la advertía sinceramente preocupada—. Aunque no creerás que va a venir corriendo desde San Francisco sólo porque tú...

—Vendrá.

—Y aunque así fuese, ¿qué?

—A lo mejor él puede arreglar las cosas de modo que yo regrese a mi antigua escuela.

—Pero, ¿por qué quieres regresar a tu antigua escuela? ¿No decías que estabas a gusto en la de ahora...?

Sara oyó la voz de la telefonista al otro lado del hilo.

—¿Querría tratar de localizar otra vez al señor Travis? Por favor... ¡Es muy importante!

Jean sintió confusión al advertir aquella falta de comunicación con su hija. La vejaba el verse así excluida de la existencia de Sara, como si se hubiera alzado entre ambas un muro infranqueable.

Sara escuchaba intensamente, deseando captar al fin la voz de su padre.

—Oye..., Sara... Si tienes algún problema, quizá podrías discutirlo con Matt.

—No quiero hablar con Matt; quiero hablar con mi padre.

Al comprobar de nuevo el distanciamiento existente entre ella y su hija, los ojos de Jean se llenaron de lágrimas.

—¿Por qué te empeñas en tratar a Matt como si él no existiera? Él hace cuanto puede por mostrarse amable contigo. Y trabaja muy duro para rodearnos de todas las comodidades.

Una sonrisa de contento iluminó el rostro grave de Sara.

—Sí, señorita. Dígale que se ponga —dijo con visible alivio.

Pero Jean ya no podía contener por más tiempo su indignación.

—¿No comprendes que todo sería mucho más sencillo para Matt si de verdad te fueras a vivir con tu padre? ¿Crees que está obligado a mantener la familia de otro hombre?

Sujetando con fuerza el auricular, Sara dirigió a su madre una mirada de airado reproche. Dándose cuenta de la crueldad implícita en su observación, Jean quiso rectificar:

—Lo siento...; perdona. Eso que he dicho no venía a cuento... Pero...

Sara no hacía caso de sus palabras. Su rostro asumió una expresión de júbilo, y no obstante le corrían lágrimas por las mejillas.

—¡Papá! Soy yo... Sara... Espera un momento.

Se apartó un poco del receptor, mirando fijamente a su madre para indicarle su deseo de que no se quedase en la habitación. Jean contempló a su hija con tristeza y se volvió para marcharse. Al salir con aire digno, tropezó de pronto con Matt que acababa de entrar. Como venía de la calle, la situación le cogió de sorpresa.

—¿Qué modo es éste de recibir a un vicepresidente? —exclamó—. ¿Por qué lloras? ¿Ha ocurrido algo malo?

—No es nada... —respondió ella, procurando borrar las huellas de su pena.

Dentro podía oírse la voz de Sara, que se despedía de su padre.

Cuando Sara entró en el salón, Matt le preguntó:

—¿Otra vez os habéis peleado tú y tu madre?

La expresión angustiada de Sara había desaparecido, cediendo a otra de tranquilidad. Jean también estaba más conciliadora.

—Sara..., querida... No sabes cuánto me entristece verte con una contrariedad.

—Lo sé, mamá —respondió Sara en voz baja—. Pero no es necesario que te preocupes, porque, ¿sabes?... Papá viene pasado mañana.

Sonrió ahora, gozosa.

—Mi papá viene a verme.

3

UN DELGADO CENDAL DE NUBES velaba apenas el azul del cielo. El verde oleaje azotaba con estrépito los arrecifes de Palos Verdes, y una Sara muy diferente, toda risas y alegría, estaba sentada sobre un peñasco mirando a su padre con ojos llenos de adoración.

—Estoy segura de que ahora las cosas no irán tan mal como yo creía.

—Por lo que dijiste el otro día a través del teléfono, pensé que al llegar me encontraría con el montoncito de sal dejado por tus lágrimas al evaporarse —dijo Jerry Travis mientras mordisqueaba un bocadillo de atún preparado por Sara para su merienda al aire libre.

Repantigados sobre las rocas, disfrutando mutuamente de su compañía tanto como de la merienda, Sara y Terry parecían una pareja de amigos, antes que padre e hija. Él era uno de esos hombres cuyas facciones se conservan siempre juveniles, y no había perdido la ingenuidad de su sonrisa. Radiante de satisfacción, Sara le atiborraba de huevos duros, ensaladilla y pastel de manzana que ella misma había elaborado.

—Oye, papá, ¿acaso estás chiflado por mí? —le preguntó Sara poniéndose formal de repente—. Quiero decir, por haber recorrido una distancia tan grande para venir aquí..., sin ningún motivo.

—No digas eso. Tú eres motivo suficiente, Sara —respondió Jerry con solemnidad—. Para mí, tú y tu hermana sois lo más importante de este condenado mundo.

—Sin embargo, sentiría haberte causado algún inconveniente en tu empleo, o algo por el estilo.

—No hablemos de empleos ahora —ordenó con firmeza—. Háblame de ese muchacho.

Sara se ruborizó, animándose a medida que avanzaba en sus explicaciones.

—Pues se llama Kenny Newkirk, y me ha llamado para invitarme a esa fiesta en casa de Ray Peterson... —empezó, orgullosa.

Paseaban por la playa cogidos de la mano. Luego se detuvieron para enrollarse las perneras de los pantalones hasta las rodillas y meter los pies en el mar.

—Y es estudiante de tercer año, lo cual significa que tiene diecisiete. No creo que sea demasiado mayor para mí, ¿no te parece? Y está como un tren. Y tiene un caballo de su propiedad, y espero que me deje montar alguna vez —continuó, subrayando cada punto con ademanes de entusiasmo.

Jerry estaba pensativo. No le gustaba que su querida hija se metiese en relaciones que pudieran causarle una decepción más; por otra parte, era imposible ignorar la visible felicidad de la muchacha.

Ésta no supo interpretar la expresión de su padre, y creyó que desaprobaba lo que le había contado.

—¿Te parece mal?

—Mi pequeña se ha enamorado de un caballista de diecisiete años que está como un tren, conque estoy medio muerto de celos; eso es todo —bromeó.

Sara picó y se creyó lo que decía su padre, por lo que le rodeó con ambos brazos y dijo, coqueta:

—¡Pero si apenas le conozco, papá! Ésa es la verdad.

Pensativa, casi como si hablase consigo misma, agregó:

—La única vez que me habló fue cuando me dio un empujón en el vestíbulo de la escuela.

—Debe de ser su manera de llamar la atención. Has tenido suerte de que no te haya atropellado con el caballo.

Sin hacer caso de los comentarios de su padre, Sara continuó:

—Quiero decir que no soy yo la chica más bonita de la escuela, ni mucho menos.

La pelota amarilla salió volando por los aires. Cuando Sara quiso correr para cogerla, él le sujetó las piernas por detrás. Ambos cayeron, llenándose los ojos y el cabello de arena. Sara tenía la cara casi enterrada en la playa mientras defendía el balón con el cuerpo. Jerry le hizo cosquillas hasta que ella se rindió; luego se lo quitó y lo alzó muy alto sobre su cabeza, burlándose de las súplicas de Sara.

—Dime, pequeña, ¿cómo es que siendo hoy día

lectivo no estás en la escuela, ¿eh? ¿No habrás hecho novillos, por casualidad?

Sara no respondió, sino que se plantó frente a él y le preguntó a su vez:

—Y tú, ¿cómo no estás trabajando? Porque supongo que todavía tienes trabajo, ¿o no? —terminó con súbita ansiedad en la voz.

Jerry bajó la cabeza como si fuese un delincuente juvenil cogido en falta. Luego le arrojó la pelota amarilla, apuntando muy alto.

—¡Has fallado! ¡Corre! —exclamó, y echó a correr él primero.

—¡Papá! —insistió Sara—. ¿Tienes *todavía* o no tienes ya empleo?

—Pues..., no exactamente.

—¡Oh! ¡Papá! —se escandalizó, poniéndose en jarras.

—Saca otra cerveza para mí, pequeña, antes de que empieces a hablar como tu madre.

Le alborotó el cabello con afecto y recogió la pelota, echándose a andar. Sara le siguió con el cartón de seis latas en la mano. Jerry se bebió de un tirón todo el contenido de una lata. Luego la aplastó y la arrojó al mar.

—Lo que acabas de hacer no me ha impresionado. Además, estás contaminando el mar.

—Lo siento, muñeca. Pásame otra.

Tiró de la argolla y bebió un largo trago. Sara le observó con desconfianza. Después de acabarse la tercera lata, Jerry empezó a hacer eses por la playa. Sara le seguía, siempre con el cartón, que ahora estaba semivacío.

Se volvió hacia ella con su sonrisa juvenil.

—Pues allí estaba yo, pasando a pie el Gabriel River Bridge —hizo una imitación de su propio modo de andar, rápido y circunspecto—, y de pronto voy y me detengo en medio del puente... y me digo a mí mismo: «Jerry, ¿qué coño estás haciendo con tu vida?» Arrastrar mis aspiraciones de norte a sur y de este a oeste por todo el Estado, sudando la gota gorda para realizar las previsiones de ventas, vendiendo arte para que *otros* disfruten de él y hartándome tanto de todo que algunas veces me gustaría...

Se interrumpió, pues acababa de tropezar con un guijarro que le hizo perder el equilibrio. Apoyándose en Sara, continuó:

—Y eso que yo tengo talento. Talento del bueno —remachó, casi demasiado convincente—. Más que esos farsantes recién salidos de la escuela de Bellas Artes que antes de cuatro días logran montar exposiciones individuales en cualquier galería, o hasta en una granja o en un cobertizo, siempre que haya una pared disponible. ¿Acaso fue culpa mía el tener responsabilidades familiares, que me obligaron a dejarlo todo y buscarme un empleo fijo?

Se volvió hacia Sara con un gesto de consternación.

—No es que se lo reproche a tu madre, que conste.

De pronto su mirada perdió toda expresión al tiempo que continuaba:

—Pues..., como iba diciendo, allí estaba yo en medio del puente, y me dije: «¿Qué pasaría...? O mejor dicho, ¿iba a hundirse el mundo si yo cogiese esta cartera con el muestrario...?»

Levantó la mano con el bote de cerveza, imitando los gestos a medida que los describía:

—«¿... y la arrojase al agua?» ¡Así!

Tomando impulso, lanzó el bote al mar.

—¡No es verdad! —replicó Sara, conteniendo la risa.

Él sí sabía hacerla feliz con sus bromas y sus recuerdos de la vida pasada en común. Su presencia la llenaba de un calorcillo grato como el de un rayo de sol, y deseó poder continuar así para siempre.

—¿Qué piensas hacer ahora? —le preguntó Sara al cabo de un rato de pensativo caminar por la playa.

—¿Sabes qué me gustaría que hiciéramos tú y yo?

—Irnos a Oregón.

Era el sueño de ambos.

—Ahora sería el momento perfecto.

—Para los dos —afirmó Sara, sintiendo que le cosquilleaban las lágrimas en los ojos—. ¡Cuánto me gustaría!

Jerry reanudó el hilo de sus fantasías.

—Buscaríamos un pequeño claro en los bosques, en cualquier parte. Y me llevaría una buena cantidad de telas, y unos cuantos tubos de la mejor marca de colores.

—Y no harías otra cosa sino pintar todo el día, y no pensar más en previsiones de ventas y fechas de entrega.

—Sería estupendo, ¿verdad, pequeña?

—¡Hagámoslo, papá! —exclamó Sara con pasión—. Hagámoslo y olvidemos todo lo demás.

Jerry contempló el rostro radiante y feliz de su hija. La adoraba, y sólo deseaba lo mejor para ella. Pero comprendía que él nunca sería capaz de dárselo; por ello juzgó llegado el momento de llamar a las cosas por su nombre y regresar a la realidad.

—Pero, ¿qué comeríamos, entonces? —preguntó con desánimo—. ¿Bocadillos de salchichón pintados al óleo?

—Ya nos las arreglaríamos, papá. Cuando terminara los estudios, podría ponerme a trabajar...

No obstante, el globo de las ilusiones de Jerry ya estaba pinchado. Sin reparar en las palabras de su hija, dijo ingenuamente:

—Y ¿qué diría tu madre? Según ella, yo no soy más que un mal ejemplo para ti.

Él podía entregarse tranquilamente a sus ensueños. Estaba acostumbrado a chocar con la realidad y había aprendido a soportarlo sin llevar apenas cicatrices. Pero opinaba que su hija tenía derecho a exigir algo más de la vida.

—No creerás ni por un momento que ella fuese a renunciar a sus derechos sobre ti.

Miró derecho a los ojos de Sara; ésta ocultó la cara.

—¿Qué? ¿Lo haría?

—No creo.

Lamentó tener que hablar con tanta dureza, pero no podía permitir que ella se forjase falsas ilusiones. Ello habría sido irresponsable por parte de Jerry.

Ella se quedó sentada en la arena, silenciosa, rodeándose las rodillas con los brazos como si estuviese hambrienta de protección. Ambos miraban al horizonte sin hablar. Por último, Jerry rompió el trance.

—Algún día lo haremos, pequeña.

—¿Cuándo?

El hombre se puso en pie y se sacudió la arena de los pantalones. Tendió la mano, pero ella no la cogió sino que se quedó donde estaba.

—Algún día muy cercano, te lo prometo. Pero ahora quiero que me aceptes esto.

Sacó la cartera del bolsillo y le tendió unos cuantos billetes.

—Cómprate un vestido, o lo que más te guste.

—Aquí habrá cincuenta dólares, papá. Y tú estás sin trabajo.

—No te preocupes —dijo Jerry, confianzudo—. Ahora tengo un buen asunto entre manos. Será la tercera en importancia entre todas las galerías de arte del Estado. Y cuando la inaugure, quiero que mi Sara sea la chica más bonita de la fiesta.

—¡Te adoro, papá! —exclamó, poniéndose en pie para darle un beso en la mejilla.

—Y yo a ti, pequeña.

Echaron a andar para regresar al coche.

—Y dile a ese caballista que, como se pase de la raya, tendrá que vérselas conmigo... a ver quién saca más rápido.

—¿Hacemos una carrera hasta el coche? —gritó Sara, olvidando su talante melancólico de momentos antes.

—Te doy ventaja —dijo Jerry, contemplando a su hija mientras ella corría despreocupadamente a través de la playa.

4

De pie frente al espejo de su tocador, Sara se probaba sus nuevas ropas. Había gastado sólo la mitad del dinero que le dio su padre, reservando el resto para darle un agasajo especial la próxima vez que la visitase. Pero ahora, mientras se pasaba la falda larga de algodón azul sobre la camiseta de color melocotón, se sintió francamente bien, como si presintiese que iba a ocurrirle algo extraordinario. Por primera vez en muchos meses, se sintió contenta y se gustó al mirarse en el espejo. No había vuelto a experimentar la necesidad de beber desde aquel día que Kenny Newkirk le dio un empujón en el vestíbulo de la escuela. El hecho de que la hubiera invitado a la fiesta de Ray reforzaba su naciente confianza en sí misma.

Sus largos cabellos castaños estaban muy brillantes, pero de todos modos se dio un par de pasadas más con el cepillo duro. Al verse de perfil, con su naricilla impertinente, le agradó su imagen. En aquella ocasión incluso se le había puesto la piel más fina, sin granos ni espinillas.

Cuando bajó al salón, oyó que su madre y su hermana discutían sobre nuevas ropas para Laurie.

—¿Me prestas tu pañuelo, mamá? —dijo Sara, anudándose uno de seda color azul celeste.

Su madre estaba ocupada con las cosas de la nieta y no le prestó atención.

Sara se acercó a la cuna y se inclinó sobre Laurie con una sonrisa. La criatura gorjeó y agitó los brazos, reconociéndola.

—¿Puedo tomarla en brazos? —preguntó Sara.

—Querida, no debes tomar en brazos a una criatura cada vez que se agite. Es mimarla demasiado y no conviene que se acostumbre.

—¡Pero si sólo quiero tenerla un minuto! —protestó.

—Ahora tiene que dormir —intervino Nancy—. ¿Sabes una cosa? Ven una tarde cualquiera y podrás jugar con ella todo el rato.

Cubrió a la niña con el embozo y luego, volviéndose hacia Sara, se admiró:

—¡Vaya! ¿No es ésa la ropa que te compraste con el dinero que te regaló papá?

—Pues sí.

—Muy bonita —dijo su hermana, y dedicó de nuevo su atención a la criatura.

Sara aguardó a que su madre dijese alguna palabra de aprobación, pero Jean estaba demasiado distraída con las compras de Nancy y no se dio cuenta. Ambas tomaban de una en una las diminutas prendas, admirando los detalles y el buen gusto de la confección.

Sara se acercó al espejo del salón para comprobar una vez más el efecto de su nueva presentación.

—¿Con quién vas a salir esta noche? —preguntó Nancy.

—Con un chico.

—¡No hables así! —terció Jean, prestando atención de pronto—. No es un chico cualquiera, sino el adjunto al delegado de su curso y además capitán del equipo de natación.

Detalló estas cualidades con tanto orgullo como si se tratase de un candidato para algún cargo importante.

—¿Cómo te has enterado de todo eso? —preguntó Sara.

—No sé; supongo que debió de mencionarlo su madre.

Sara se quedó con la boca abierta, sin dejar de mirar fijamente a Jean con desconfianza.

—No sabía que conocías a su madre.

—Nos hemos visto un par de veces.

Cada vez más irritada, Sara siguió indagando:

—¿Por qué no me lo dijiste?

—¿De veras no te lo he dicho?

—Oye, mamá, ¿no le insinuarías algo para que Ken no olvidase invitarme, o algo por el estilo?

—¡No! ¿Por qué iba a hacer yo tal cosa?

Visiblemente sofocada, Jean quiso enmendar su error:

—Quiero decir que..., supongo que debí mencionar... que siendo nuestros hijos de la misma edad... no tendría nada de particular que...

—¡Lo sabía! —gritó Sara, ofendida y furiosa por

la torpe intromisión de su madre—. ¡Sabía que yo no le importaba nada!

¡Cómo se atrevería ni a saludarle siquiera en adelante, después de averiguar que la invitación fue debida a la insistencia de su madre! Aquella humillación era demasiado; no pudo soportarla y se dejó caer sobre el sofá hecha un mar de lágrimas.

—Deja de hacer tonterías, Sara —dijo Jean con severidad.

—¡Cómo has sido capaz de hacerme eso! —sollozó.

—No he pretendido otra cosa sino ayudarte. Somos nuevos en este vecindario y, como tú no has acertado a relacionarte con tus compañeros de edad, la situación se impuso por sí sola.

Sara logró dominarse y se puso en pie de un salto, enfrentándose a su madre como una furia.

—¡Querrás decir que hiciste todo lo posible por imponerla!

—Nunca me he opuesto a que eligieses tus amistades, Sara. Sólo he pretendido hacerte un favor esta vez. ¿No podrías agradecérmelo de otra manera?

—No iré —afirmó Sara con decisión—. No pienso ir a esa fiesta.

Dando una patada en el suelo para subrayar sus palabras, se arrancó el pañuelo de su madre y lo arrojó con rabia.

—Voy a quedarme encerrada en mi habitación, conque ya podéis decírselo a él cuando se presente por aquí.

Mientras corría hacia la escalera para subir a su cuarto, sonó el timbre de la puerta. Todos se quedaron inmovilizados en sus respectivas posturas, como si la escena fuese el fotograma de una película.

Jean fue la primera en reaccionar.

—Decirle ¿qué?

Sara no tenía el propósito de contestar a las palabras de su madre. Se limitó a quedarse al pie de la escalera, aferrando el pasamanos hasta que los nudillos se le pusieron blancos.

—Me he tomado muchas molestias para arreglar esto, Sara —continuó Jean con severidad—. Como me hagas quedar mal...

Dejando en el aire la amenaza, Jean se dirigió a la puerta y abrió, componiendo su habitual expresión de anfitriona irreprochable.

Un Ken algo nervioso y perfectamente cepillado apareció entonces en el umbral, vistiendo camisa deportiva de color azul claro y pantalones tejanos muy bien planchados.

—¿Está preparada Sara? —preguntó con forzada sonrisa.

—¡Ah! Usted debe ser Ken, sin duda —dijo Jean.

—Sí, señora.

—Sara —llamó Jean como si nada hubiera ocurrido—. Ken está aquí.

Nancy, que había asistido en silencio y con los ojos muy abiertos a toda la discusión, se acercó a Sara.

—Anda —le instó, dándole al mismo tiempo una palmadita en la espalda.

Sara se adelantó como si fuese al encuentro del pelotón de ejecución; después de secarse los ojos y pasarse la mano por el cabello, se puso el abrigo.

—Hola.

—Hola. En fin, creo que será mejor darnos un

poco de prisa. Encantado de saludarla, señora Hodges.

—Hasta luego, y pasadlo bien —les despidió Jean desde el umbral.

Cuando llegaron junto al coche de Ken, él abrió la puerta con gesto mecánico para que entrase Sara, pero ésta titubeó antes de subir al vehículo.

—Siento haberte puesto en este compromiso —balbució.

—No importa —replicó él fríamente.

—Si lo prefieres, puedes dejarme en la puerta de cualquier cine.

—De ningún modo —replicó Ken en tono de ligero fastidio—. No te preocupes..., nos divertiremos de todos modos —agregó con una sonrisa de ánimo.

Condujo en silencio hasta que llegaron a casa de los Peterson, que estaba al otro lado de la ciudad. Sara miró furtivamente a Ken, quien conducía con la vista fija en el trayecto, y le gustó el perfil del muchacho, con sus cabellos rubios cuyos bucles caían sobre el cuello de la camisa, y su nariz recta ligeramente sombreada de pecas.

«Parece un chico muy simpático —pensó—. Puede que aún salgan bien las cosas esta noche, después de todo.»

Por fin llegaron a casa de los Peterson. Tenía todas las luces encendidas y el jardín estaba lleno de automóviles, que incluso desbordaban hasta las aceras vecinas. Ken tuvo que estacionar el suyo a casi una manzana de distancia. Mientras se acercaban a la puerta del jardín oyeron la música puesta a todo volumen. Como no salió nadie a recibirles, Ken empujó la puerta; estaba abierta. Entró, mientras Sara procuraba quedarse un poco rezagada, armándose de valor para entrar en aquella casa llena de desconocidos.

Cuando entró Ken, a Sara le pareció que acudían a su encuentro todas las personas que estaban en el salón, impacientes por saludarle. Él no se acordó de presentarla, y los demás la ignoraron como si Sara fuese invisible. Ella se quitó el abrigo y tomó asiento en la primera silla que encontró a mano; era como si se hubiese propuesto pasar desapercibida.

Marsha Cooper se abrió paso hasta Ken.

—¿Qué tal te ha ido la cita de compromiso?

—¡Bien! —se encogió de hombros.

—¿Quieres bailar conmigo?

Él suspiró.

—Sí, quiero. Pero sería una falta de atención para con ella.

—Sí, claro —se burló Marsha—. No deseo interponerme en tus obras de caridad.

Después de darle un cariñoso apretón en el brazo, se alejó para unirse a un grupo donde destacaba un chico delgado, de cabello rizoso, que tocaba la guitarra.

Ken hizo intención de acercarse a Sara, compadecido de su patético aire de soledad; pero entonces apareció Ray, quien le distrajo con un expresivo gesto indicándole que había bebida. Ken se encaminó hacia él y ambos salieron juntos del salón.

Mientras observaba desde lejos el diálogo de Ken y Marsha, Sara se figuró que hablaban de ella. También se dio cuenta de que salían del salón Ken y Ray, y deseó haber persistido en su primera intención de no asistir a la fiesta y encerrarse toda la noche en su alcoba. Sin embargo, ¡había deseado tanto divertirse aquella noche, hacer amistades entre sus compañeros de edad para que su madre pudiera enorgullecerse!

—¿No estabas tú el otro día entre las aspirantes a ingresar en el orfeón?

Marsha se había acercado, y estaba sonriendo de oreja a oreja, con malicia.

—Sí —respondió Sara, sombría.

—Lástima que no supieras hacerlo mejor.

Sara no tenía ganas de enzarzarse en una pelea con Marsha. No era culpa suya si Ken había obedecido a su madre, tomando sobre sí el compromiso de invitarla a la fiesta. Se puso en pie y miró a su alrededor para buscar a Ken y decirle que se marchaba. Por aquella noche ya había soportado bastantes humillaciones.

—¿Qué? ¿Buscas a Ken?

—¿Cómo? No..., no. Disculpa.

Abriéndose paso entre los grupos, quiso ir en busca de su abrigo. Lo habían dejado sobre la cama de la habitación para invitados. Con gestos rápidos, se lo puso y sin más rodeos se encaminó hacia la salida.

—¿A dónde vas, Sara? —preguntó Ken, que acababa de entrar en la habitación.

Sara le miró con aire solemne y replicó:

—He pensado que será mejor regresar a casa.

—Pero, ¿cómo piensas ir?

—Tomaré el autobús, o algo así.

—No seas tonta, Sara —le dijo, tomándola de la mano—. Quédate.

Ella dejó caer el abrigo sobre la cama, y luego ambos pasaron al despacho del señor Peterson. Ken cerró con precaución la puerta de roble de doble hoja. Allí estaban Ray y tres o cuatro muchachos más, muy ocupados en preparar bebidas junto al mueble-bar. En éste se alineaban botellas de todas clases de licores imaginables. Después de verter una medida de ginebra en un vaso, Ray se volvió y pareció sorprenderse al ver a Sara.

—¡Eh, Ken! —dijo con súbita alarma—. ¿Cómo se te ocurre?

—Sírvele un poco a ella, también.

—Oye, ¡como se entere de esto mi viejo...!

—Lo necesita para animarse —insistió Ken—, y además viene conmigo, ¿no?

—Bueno, hombre. Como quieras.

Aunque realmente le parecía que estaba necesitando un trago, Sara creyó prudente rechazarlo, no fuera a parecer demasiado ansiosa.

—Me parece que no debo...

—¡Bah! No te hará daño. Sólo uno; es lo que hacemos todos y no se pasa de ahí.

—Bien, pues..., quizá..., sólo uno.

Ray sirvió un poco de ginebra en otro vaso, llenándolo a medias. Luego miró fijamente a Sara y, con una sonrisa burlona, lo llenó casi por completo.

—Despacio, hombre —dijo Ken—. ¿Acaso quieres que agarre una turca?

Ray le dedicó un guiño sarcástico. Al lado de Ray, otro muchacho rellenaba la botella con la cantidad exacta de agua, a fin de disimular el hurto. Ray terminó de llenar el vaso de Sara con un chorrito de Coca-Cola.

—Esto es para que la medicina pase mejor —dijo, dándose humos de entendido, y le alargó el vaso a Sara.

Sara estaba ansiosa por paladear el conocido sabor de la ginebra y experimentar su efecto tranquilizador. Pero, como no deseaba mostrarse demasiado familiarizada con la bebida para no parecer mal a los ojos de Ken, arrugó la nariz con coquetería.

—Este brebaje tiene un sabor horrible.

—Hay que acostumbrarse poco a poco —le explicó Ken con aire de hombre experimentado. Tomó a su vez un vaso y emprendieron la retirada hacia la puerta.

—Vamos, Sara, entremos en el salón y ¡a bailar! Te presentaré a algunos de los muchachos —la rodeó con el brazo en plan protector.

Sara tomó un sorbo de su combinado, pensativa, y luego alzó la mirada hacia Ken.

—Tienes razón, Ken. Creo que voy a quedarme un ratito más.

TRANSCURRIÓ MÁS DE UNA HORA de fiesta. Ken presentó correctamente a Sara; los muchachos tomaron nota de su presencia y volvieron cada cual a sus conversaciones. Ella se bebió pronto el contenido de su vaso, pero no se atrevió a dirigirse a Ken para pedirle otro. Recordó las advertencias de su madre, en lo relativo a que los chicos no simpatizaban con las muchachas demasiado aficionadas al alcohol:

—Resulta poco femenino andar siempre con un combinado en la mano.

Sara esperó hasta ver a Ken absorto en una conversación.

—Disculpa —le dijo, haciendo como que se dirigía al cuarto de baño.

Cuando estuvo segura de no ser observada, se metió en el despacho del señor Peterson y cerró la puerta a su espalda con rapidez. En seguida se precipitó hacia el bar, con tanto apresuramiento que incluso volcó un vaso. Metiéndose detrás de la barra, buscó en el mueble la botella de ginebra y se la llevó a los labios para tomar un largo trago. Luego respiró hondo mientras la cálida bebida quemaba deliciosamente su garganta. Le brillaron los ojos, y una sonrisa de alivio embelleció su rostro. A continuación se dispuso a tapar la botella, pero lo pensó mejor y tomó rápidamente otro trago. Por último devolvió la botella a su estante mientras se relamía de satisfacción, y se volvió para salir del despacho.

Ken estaba sentado en el sofá del salón, y alzó la mirada cuando notó la presencia de Sara. Le pareció verla diferente, aunque no pudo adivinar en qué consistía el cambio. Parecía hallarse más a sus anchas, más segura de sí misma.

—Yo creía que vosotros los atletas no probabais nunca el alcohol —le interpeló.

Desaparecida su timidez habitual, ponía de manifiesto una insospechada coquetería.

—Pocas veces lo pruebo. A decir verdad, a mí tampoco me gusta su sabor.

Marsha, que también había observado la transformación de Sara, cruzó con presteza el salón y murmuró unas palabras al oído de Jim, el guitarrista. Éste hizo una seña afirmativa con la cabeza y atacó los primeros compases de la canción que Sara había intentado cantar el día de la prueba.

Sara y Ken estaban enfrascados en animada conversación y no se dieron cuenta, por lo que Marsha se acercó a ellos con una sonrisa insidiosa, diciendo:

—¡Eh, Sara Travis...! ¡Están tocando tu canción!

—¿Has sido tú quien la ha solicitado? —preguntó Sara, indiferente a las maquinaciones de Marsha—. ¡Qué amable!

—¿Por qué no le acompañas? Estoy segura de que no tendrá inconveniente.

Sara comprendió que aquello era un desafío, y reflexionó unos instantes. En aquel momento se encontraba bien, mejor que nunca, y estaba convencida de que, si decidía salir a cantar, lo haría con todo su corazón, como le hubiera gustado hacerlo en ocasión de la prueba. Devolviéndole a Marsha la mirada de rivalidad, se puso en pie y tomó el vaso para apurar las últimas gotas que quedaban en el mismo. La otra se apresuró a ocupar el asiento dejado por Sara al lado de Ken, pasó el brazo por debajo del de éste y se arellanó como si fuese una romana dispuesta a presenciar el sacrificio de algún infeliz gladiador entregado a los leones.

Sara se situó en el centro del salón, e hizo seña a Jim para que volviese a comenzar. Todas las conversaciones cesaron como por encanto, y algunos de los invitados acercaron las sillas hacia Sara. Ésta había cautivado la atención de todos. Empezó a cantar con voz clara y llevando con justeza el compás. A su alrededor, los rostros iban poniéndose radiantes; los cuerpos se agitaban al ritmo de la canción. Jim sonrió, complacido, acompañándola quedamente con sus acordes. Sara notó que le daba vueltas la cabeza, pero hizo un esfuerzo por mantenerla alta, elevando la voz al techo, al cielo, cantándole a su padre...

Terminó con el último soplo de su aliento, mientras su corazón latía con fuerza. Ken rompió a aplaudir el primero, librándose del brazo de Marsha. Ésta frunció el ceño, al ver frustrado su brillante plan para humillar a Sara. Algunos muchachos se acercaron a ésta y le pidieron otra canción, pero ella rechazó todas las peticiones.

—Has estado muy bien, Sara —le dijo Ken con admiración—. Magnífica, lo digo de veras.

Ella se alejó algunos pasos.

—No irás a marcharte ahora, ¿verdad?

—No —respondió Sara, mirando a Marsha con desplante—. Creo que voy a quedarme un ratito.

Se dirigió al dormitorio como si fuese a buscar algo que hubiera olvidado en el abrigo, pero luego, en vez de regresar al salón torció disimuladamente hacia el despacho.

Se disponía a coger la botella de ginebra, pero cambió de opinión al pensar que se notaría lo bebido, por lo que en esta oportunidad prefirió tomar un whisky escocés. Bebió un par de tragos, tapó la botella y luego volvió a la fiesta con ánimo renovado. Con una palmadita en el hombro de Ken, le invitó a bailar.

—Tú sí que sabes moverte —se admiró Ken deteniéndose a contemplar las contorsiones de Sara—. ¿Qué ha puesto Ray en tu vaso? ¿Una pastilla estimulante? —bromeó.

Ella se limitó a sonreír.

Sara se sentía capaz de seguir bailando toda la noche, pero al cabo de un rato Ken manifestó deseos de descansar.

—Dejémoslo por ahora, Sara. Estoy cansado.

—De acuerdo, pero tengo sed. Vamos a tomar un trago.

—Me parece que ya vas bien servida —se burló.

—No, si digo un trago de agua. Me muero de sed.

En la cocina había un grupo de chicos y chicas alrededor de uno que tenía una bota de vino. Sara se acercó al fregadero y abrió el grifo, sin dejar de mirar mientras la bota circulaba de mano en mano.

Un muchacho alto y melenudo se la pasó a Ken. Éste bebió un poco, con precaución, y le cedió la bota a Sara. Excitada, ella la cogió con impaciencia, la alzó y la estrujó torpemente, poniéndose la camiseta nueva perdida de aquel líquido color rubí. Pero no pareció importarle, sino que se limitó a rectificar la posición del cuero. Esta vez supo dominar el chorro con seguridad y bebió largo rato, sin interrumpirse ni siquiera para tomar aliento. Ken la contemplaba con asombro. Luego dijo:

—Vamos a ver si encontramos algo de comer. Estoy desmayado de hambre.

Tomándola de la mano, la condujo al salón y, después de cargar dos bandejas, le pasó una a Sara. Ella la tomó, pero con tan poca fuerza que algunos de los emparedados cayeron al suelo. Ken la miró con expresión interrogante.

—No estarás mareada, ¿verdad? —parecía preocupado—. Me parece que no he debido permitir que bebieras.

—Me encuentro bien —balbució Sara, aunque apenas conseguía mantener la cabeza erguida.

Al cabo de unos momentos se acercó Marsha; al verla, Ken le ofreció amablemente el contenido de su bandeja:

—¿Quieres comer algo? Yo voy a reengancharme.

Cuando se volvió hacia Sara, ésta meneó la cabeza. Estaba sintiéndose mareada y empezaba a notar náuseas.

—Si no comes, ¿cómo vas a crecer alta y fuerte? —le preguntó Marsha sacando el pecho—. Raquel Welch no se dejaba nunca su ensaladilla a medias.

Sara se puso en pie y, con paso ligeramente vacilante, echó a andar hacia el dormitorio con intención de tumbarse un rato en la cama.

Pero Marsha aún no había terminado de incordiarla.

—Quiero decir que, si no procuras tomar tus vitaminas, ¿de dónde sacarás fuerzas para montar en bicicleta?

A estas palabras, y sin previo aviso, y hasta un poco sorprendida por su propia acción, Sara tomó la bandeja llena de emparedados y se la estampó en el pecho a Marsha. Luego, como si eso todavía no fuese suficiente, le dio un empujón que la hizo caer sobre una mesita que estaba al lado del sofá. La mesa se volcó, y una fastuosa lámpara de cristal y acero cromado se hizo añicos en el suelo con espantoso ruido.

Esta vez Marsha se había quedado sin habla y no supo encontrar ninguna de sus salidas mordaces, sino que se quedó mirando a Sara con ferocidad. Ken se volvió hacia la dirección del ruido y corrió al lado de Sara.

—¡Ay, ay, ay! Espera a que mi viejo vea esto —se lamentó Ray, inclinándose sobre Marsha para ayudarla a levantarse de entre un montón de cristales rotos y maderas astilladas.

Un súbito ataque de vértigo obligó a Sara a sentarse en el sofá más bien bruscamente.

Ken se inclinó hacia ella y le preguntó:

—¿Qué te ocurre, Sara...? ¿Te encuentras bien?

Quiso obligarla a ponerse en pie, pero por lo visto

ella había perdido el control de sus músculos. Alguien trajo el abrigo de Sara, y Ken vistió su cuerpo desmayado, pasándose el brazo de ella por los hombros para levantarla y sacarla a tomar el fresco.

Precisamente cuando salía de la casa con Sara, cuyas piernas parecían de goma, el señor Peterson se apeaba de su coche y rodeaba el vehículo para abrir del lado de su esposa. Al hacer esta operación se quedó mirando hacia el jardín.

—¿Eres tú, Ken? —dijo, forzando la vista para tratar de distinguir el bulto que se movía entre la penumbra.

—Sí, señor —respondió Ken, y apretó el paso en un intento por recorrer el trecho que le faltaba hasta su propio automóvil y meter en el mismo a Sara sin llamar la atención.

—¿Hay alguna dificultad?

—No, no, señor. Sólo que Sara no se encuentra muy bien.

El señor Peterson se volvió hacia su mujer con una mirada de entendido en tales cuestiones.

Cuando entraron en la casa vieron que se desarrollaba una alarmante actividad en un rincón de la sala. Ray y algunos amigos procuraban borrar de la alfombra los restos de la comida y recogían pedazos de cristal. La señora Peterson se acercó al grupo y lanzó una exclamación, con gesto horrorizado.

—¿Qué ocurre? —se espantó el señor Peterson, corriendo hacia ella.

Agachándose a su vez para recoger los pedazos restantes, la señora Peterson sollozó:

—¡Mi lámpara preferida!

—No tiene importancia, Grace —trató de restaurar el orden el señor Peterson—. Los chicos no hacían más que divertirse un poco.

Pasó a su despacho y observó que su botella de whisky escocés de doce años estaba medio vacía.

—¡Condenados críos! —murmuró mientras se servía un trago.

KEN DIO UN PAR DE VUELTAS a la manzana con la esperanza de resucitar a Sara. Bajó la ventanilla lateral, pensando que el aire fresco la ayudaría a volver en sí. Pero Sara parecía muerta para este mundo. Entonces se le ocurrió que una taza de café fuerte podría servir de medicina y enfiló hacia el parador más cercano.

El *parking* estaba casi desierto a aquella hora de la noche. Salió a pedir una taza de café, regresó y trató de conseguir que Sara bebiera un sorbo.

—Toma. Bébete esto.

Ella abrió un ojo de mirada vidriosa, y trató de acomodarse en el asiento. Aceptó el vaso humeante, aturdida todavía.

—¿Has estado alguna vez en Oregón, Kenny? —consiguió balbucir.

—¿Quieres hacerme el favor de tomarte el café? —repitió Ken con cierta impaciencia.

—No me gusta el café —dijo ella, malhumorada.

—Bueno, pues échale un poco de azúcar.

Mientras él vertía en el café un sobre de azúcar que había traído, ella siguió charlando sin ton ni son:

—Ahí es donde iremos papá y yo..., a Oregón. Y viviremos en una cabaña en medio del bosque. Y buscaremos una vieja escuela rural, donde no haya orfeones ni sociedades de ninguna especie...

Cada vez más fastidiado por aquella charla que no tenía ningún sentido para él, Kenny le arrimó el café a los labios:

—Anda, bebe y calla.

—¡No quiero!

—Voy a llevarte a casa.

Con un ademán brusco, puso en marcha el motor y conectó los faros.

Acurrucada en un rincón del asiento, Sara ponía cara de pocos amigos y repetía:

—No quiero..., no quiero...

Ken condujo hasta la casa de los Hodges, la única de la vecindad que aún tenía las luces encendidas. Eran las dos de la madrugada.

—A propósito..., ¿tiene pistola tu padrastro? —preguntó Ken con sarcasmo.

—Claro que sí, tonto —se animó Sara—. Tan cierto como que le ha salido una hija menor de edad.

—Muy divertido —replicó él mientras rodeaba el coche para abrir la puerta del lado de Sara.

Ésta subió los escalones buscando la llave a tientas. Antes de que lograse hallarla se abrió la puerta de la casa y apareció Jean, seguida de Matt. Ambos iban en bata y tenían aire de fatiga y preocupación.

—¡Sara...!

La voz de Jean era una mezcla de angustia y rabia.

—Hola, mamá. Hola, Matt. Éste es Ken; tiene un caballo de su propiedad.

Enormemente disgustada, Jean dejó caer una mano firme sobre el hombro de su hija para introducirla en casa.

—Ha sido culpa mía, señora —dijo Ken al tiempo que avanzaba un paso, dispuesto a recibir la reprimenda—. Verá usted..., es que algunos compañeros estaban bebiendo un poco y... se me ocurrió persuadir a Sara de que...

Jean, recobrada de la impresión sufrida al ver el aspecto de Sara, interrumpió a Ken, completando el sentido de su frase:

—De que acompañase a los demás.

—Sí, señora. Lo siento de veras. Ha sido una estupidez por mi parte.

Pero Jean ya había logrado meter en casa a su hija, balbuciente y ojerosa.

—Acabemos, señor mío —intervino Matt con severidad—. Puede usted retirarse; creo que ya ha hecho bastante daño por esta noche.

—Sí, señor —murmuró Ken, inclinando la cabeza con humildad.

Se encaminó hacia su coche, no sin antes advertir que había luz en la ventana de Marsha. Incluso pudo entreverla, pues estaba espiando detrás de las cortinas. Más contrariado que nunca, meneó la cabeza y se metió en su automóvil.

Después de acostar a su hija, que apenas había vuelto en sí, Jean regresó a su alcoba.

—¿Se encuentra bien? —le preguntó Matt.

—No logro entender por qué no ha vomitado —comentó Jean al tiempo de meterse en la cama—. Además, me preocupa que se haya dejado convencer con tanta facilidad.

—No tiene importancia, si no ha hecho otra cosa sino beber una copa de más —quiso consolarla Matt—. Menos mal que no ha sido asunto de droga.

—Sí —respondió Jean, alargando el brazo para apagar la luz—. Menos mal, gracias a Dios.

5

El día siguiente era domingo. Faltos de sueño e impacientes, Matt y Jean esperaron a que Sara bajase de su habitación. Para pasar el tiempo, Matt estaba dando con pelotas de golf en un marcador eléctrico que tenía instalado en el salón. Habría preferido salir a jugar su acostumbrada partida aquella mañana, pero Jean insistió en que ambos debían esperar a Sara para tener con ella una conversación acerca de su comportamiento. Sentada en el sofá, Jean contemplaba cómo las pelotas iban rodando hacia el ficticio hoyo de golf, aunque sin prestar atención en realidad.

—Pero ¿cuándo piensa levantarse esa niña? —refunfuñó.

Sara entró en el salón frotándose los ojos.

—Buenos días a todos —dijo con animación—. ¿Me he perdido el desayuno? ¿Qué hora es?

Jean no se movió de su asiento; la expresión de su rostro era severa.

—Son más de las once. No pensé que esta mañana fueses a tener apetito —dijo en tono cortante.

—Me muero de hambre —comentó Sara sin darse cuenta del malhumor de su madre—. ¿Ha sobrado algo de tocino?

Hizo intención de encaminarse a la cocina, pero se volvió al recordar lo que podían significar aquellas miradas tan indignadas de sus mayores.

Se dejó caer en un sillón, recogiendo los pies debajo de su camisón verde.

—¡Ah, sí...! Lo de anoche... Supongo que no estaréis muy contentos conmigo después de lo ocurrido.

Jean se acercó a donde estaba su hija.

—¿Te parece que deberíamos estarlo? —le preguntó, dominándola desde su altura—. Quince años de edad, y volver de una fiesta borracha como una cuba.

Jean le dirigió un ademán amenazador con el índice.

—No estaba borracha; sólo que me sentó mal una mezcla que bebí.

—Sé distinguir perfectamente cuándo una persona está ebria y cuándo no lo está.

—Supongo que sí —replicó Sara con ironía—. Pero, al menos, no se me ocurrió vomitar sobre los rosales como hacen tus amigos.

Jean se puso roja de ira y abofeteó a Sara para castigarla por su descaro. Aturdida, Sara se llevó la mano a la mejilla enrojecida, frotándosela lentamente. Su expresión jovial había desaparecido y en sus ojos se veía una mirada abatida y huidiza.

Madre e hija se avergonzaban por igual de su comportamiento, pero ninguna de las dos quiso dar su brazo a torcer.

Matt asumió entonces el mando de la situación, acercándose a Jean y rodeándole los hombros con un brazo.

—Quedamos en que yo me encargaría de este asunto, querida.

Pero la intervención de Matt fue como añadir más leña al fuego.

—Y no se te ocurre otro sitio para perpetrar semejante hazaña, ¡sino la casa de los Peterson! —estalló Jean con vehemencia—. ¡Nos has puesto en evidencia y has quedado en ridículo! ¡Y todo eso en casa del jefe de Matt, nada menos!

—Por favor, Jean —dijo Matt en tono conciliador, empujando a su mujer hacia el sofá, donde la obligó a sentarse.

Luego miró a Sara con cierto embarazo:

—Ya sé que no soy tu padre, y jamás he tratado de sustituirle para ponerme en su lugar, ¿no es cierto? Sin embargo, creo que *sí* tengo alguna responsabilidad, y en particular la de hacer que se cumplan ciertas normas.

Acurrucada todavía en su sofá, Sara miró a su padrastro con reproche, pero sin intención de replicar.

—Ahora bien, me parece que no es de fiar un muchacho que hace beber a una chica de quince años, y desde luego no se trata de una amistad recomendable para ti.

—¿Por qué estás tan seguro de que fue culpa *suya*? —exclamó Sara, desafiándole.

—Pues entonces, ¿de quién fue culpa? —terció Jean.

Sara bajó la mirada, observándose las manos. Éstas se agitaban nerviosamente en su regazo.

—Te obligó a beber, ¿sí o no?

Sara seguía sin responder. Alzó una mano para frotarse la mejilla donde había recibido el bofetón.

—¿No crees que tu madre tiene derecho a esperar de ti una respuesta? —intervino de nuevo Matt.

Otra vez guardó silencio Sara.

—Está bien, si así lo quieres.

Dicho esto, Matt empezó a pasear de arriba abajo por la sala, con las manos a la espalda.

—Creo que, en este caso, para que el castigo sea eficaz, debe ayudarte a reflexionar sobre lo que has hecho.

Se interrumpió para volverse hacia Jean, quien asintió animándole a continuar.

—Por consiguiente, voy a imponerte dos semanas de arresto en casa. Nada de salidas. Nada de pasear con los compañeros después de terminar las clases. Nada de ir al cine los fines de semana.

Viendo que Sara permanecía en silencio y con la cabeza baja, agregó:

—Ahora, si te parece que mi decisión ha sido injusta, me gustaría que me dijeras tus razones.

Sara apretó los labios, mirándole con desdén.

—¿Ha terminado el Consejo de guerra? —preguntó.

—En efecto.

—¿Da usted su permiso? —preguntó, poniéndose en pie. Luego giró sobre sus talones al estilo militar y echó a andar marcando el paso.

—¡Sara! —se escandalizó su madre, horrorizada ante el manifiesto desprecio de su hija hacia Matt.

Sara se volvió y clavó la mirada en los ojos de su madre.

—Él no es mi padre. ¡No es más que el hombre con quien te acuestas!

En seguida echó a correr escaleras arriba hacia su habitación, y una vez dentro cerró de un portazo.

Jean, anonadada, se echó a llorar. Matt quiso consolarla, pero también él estaba afligido.

ECHADA EN SU CAMA, en la habitación a oscuras, Sara pasó revista a los acontecimientos del día. Durante la jornada, los muchachos que participaron en la fiesta de Ray habían estado con ella mucho más amistosos que nunca desde que ingresara en aquella escuela.

Algunos incluso buscaron pretextos para entablar conversación.

—Buena la agarraste el sábado pasado —le dijo Jim, el guitarrista.

Y la amiga de éste comentó:

—Tus viejos han debido de armar una buena trifulca, ¿verdad?

—Querían armarla, pero yo les convencí de que no lo hicieran —mintió Sara—. Me limité a recordarles cuántas veces les he visto a ellos en el mismo estado.

Ambos celebraron estas palabras con una carcajada, impresionados.

—Y... ¿funcionó?

—¡Claro! Os aconsejo que probéis ese sistema en la primera ocasión. Nunca falla.

Cuando la dejaron ella se quedó con la impresión de que aquella noche desastrosa, al fin y al cabo, había servido para algo bueno. Ése fue el momento elegido por Marsha Cooper para estropearle a Sara incluso aquella pequeña satisfacción.

—Quiero agradecerte lo que estás haciendo por Kenny —le dijo después de hacerse la encontradiza en el vestíbulo, antes de la clase.

Sara se quedó muy sorprendida, y la otra se explicó:

—Viene a ser como un descanso para mí, si entiendes lo que quiero decir.

—Pues no. No te entiendo.

—¡Anda ya! —se mofó Marsha—. Todos sabemos lo que estabais haciendo en el coche de Ken a las dos de la madrugada.

—¿Qué significa eso? —miró a Marsha con desconfianza.

Sonó el timbre anunciando el comienzo de la clase, pero las dos permanecieron inmóviles, frente a frente y mirándose con desafío.

—Quiero decir que yo soy comprensiva. Una chica que necesita hacerse invitar por su madre tiene que hacer algunas concesiones.

Sara sintió una rabia creciente dentro de sí.

—¿Te lo ha contado Ken eso? —preguntó.

—Ken y yo no tenemos secretos el uno para el otro —dijo Marsha mientras se alejaba sonriendo, muy satisfecha de sí misma.

Ahora, recordando la escena mientras holgazaneaba tumbada en la cama, Sara notó crecer otra vez la indignación causada por los comentarios de Marsha. Era como si hubiese recibido un bofetón.

Aquella tarde había visto a Ken, mas procuró ignorarle incluso cuando él trató de dirigirle la palabra una vez terminada la clase.

Cambió de postura y se tumbó boca abajo. Alargó la mano y cogió del suelo una revista, que se puso a hojear distraídamente.

De pronto se sobresaltó, creyendo haber oído un golpe en su ventana, pero luego se tranquilizó y volvió a su revista. Al oír el ruido por segunda vez, decidió salir a investigar.

Levantó el marco corredizo de la ventana y sacó la cabeza para mirar. Allí estaba Ken, haciéndole señas para que bajase a reunirse con él, pero ella se encogió de hombros y se dispuso a cerrar la ventana.

—¡Eh! Espera un minuto. Siento haberte causado un disgusto con tus padres. ¿Es eso lo que tienes contra mí? ¿Es por eso por que no has querido hablar conmigo en la escuela?

Sara se detuvo, con las manos todavía en el marco de la ventana.

—No era ése el motivo —dijo con voz reposada.

—Pues entonces, ¿por qué?

Ella le contempló un buen rato, pensativa.

—Ha sido por lo que dijo Marsha...

—¿Cómo? —se sorprendió Ken—. ¿Qué ha podido decir ella?

Trató de leer en la expresión de Sara, y luego agregó en voz baja:

—Marsha cree que tiene algún derecho sobre mí. Pero no lo tiene.

—Eso no me importa —replicó Sara, irguiéndose con dignidad—. Sólo que a mí no me gusta salir con chicos que luego van contando historias por ahí acerca de las chicas con quienes salen.

—¿Qué clase de historias? —preguntó Ken, confuso.

—Sobre lo que hicimos... en tu coche... a las dos de la madrugada —aclaró Sara, no sin vacilación.

—Yo jamás he dicho eso, Sara. Te lo juro. Y si Marsha vuelve a molestarte, yo...

Se interrumpió y luego, con una sonrisa, se le ocurrió el final adecuado:

—Voy a escribir su número de teléfono en todos los lavabos del Instituto.

Sara no pudo evitar el sonreír a su vez.

—¡Oye! ¿Por qué no bajas?

Sara meneó la cabeza con aire melancólico.

—No puedo. Estoy castigada durante dos semanas.

—Es un poco fuerte eso, ¿no? Quiero decir que la mitad de los invitados a la fiesta volvieron a sus casas bastante cargados...

—Mi madre no opinó que fuese gracioso.

—Bien, quizá si yo hablase con ella...

—Olvídalo —le cortó ella—. Lo que es ahora, preferiría verme salir con un ex presidiario loco.

Ken pareció sinceramente entristecido.

—¡Qué lástima! Con lo que me habría gustado llevarte a las caballerizas para presentarte a Daisy.

—¿Daisy? —preguntó Sara con interés.

—Es mi yegua. ¿Estás segura de que no podrías conseguir la libertad bajo palabra?

—Puede —empezó a considerar la idea Sara—. Tal vez telefoneando a la oficina de Matt para confesarle todos mis pecados..., jurándole que no volveré a hacerlo nunca más. Habría que montar un buen drama, pero creo que podría funcionar.

—Pues entonces, ¿a qué esperas?

Ella sacó el brazo por la ventana y le apretó la mano.

—No tardaré más que un minuto.

Excitada corrió al teléfono y marcó el número de la oficina de Matt. Cuando éste se puso al aparato, ella procuró disimular su júbilo para hablarle en voz contrita y arrepentida como convenía.

—¡Ha salido bien! —le gritó a Ken a través de la ventana—. Espérame en la puerta.

Cuando salió, Ken la esperaba con el motor en marcha, y se dirigieron a las cuadras. Por el camino, Sara le pidió a Ken que le explicase cosas acerca de su yegua.

—Es vieja; tendrá unos once años. Por eso pude conseguirla a poco precio. Pero todavía tiene mucho fuego dentro, ya lo verás. Te gustará cuando la conozcas.

Mientras enfilaban el sendero de entrada a las cuadras, Ken saludó con la mano a un viejo de cabellos blancos.

—Es el dueño de todo esto. Me cobra poco por tener a Daisy aquí, a cambio de ayudarle en las faenas.

Se apearon del coche y recorrieron un camino fangoso que conducía al establo de Daisy. El aire olía a estiércol y paja húmeda. Sara arrugó la nariz.

—Te acostumbrarás al olor —le dijo Ken—. ¡Para mí es como un perfume!

Daisy estaba en su casilla, con una manta a cuadros, roja y negra, sobre los lomos. Relinchó al acercarse Ken.

—Aquí está; lo mejor de todo es que me quiere. ¿Verdad que sí, Daisy? —dijo, rascándole la guedeja de la frente.

La yegua olfateó el rostro de Ken.

—Me parece maravilloso tener a alguien de quien

cuidar, como haces tú —comentó Sara mientras Ken sacaba a Daisy de su casilla y la llevaba al corral.

Después de atarla, se alejó para regresar luego con una silla de montar y bridas.

—¿Te apetece dar un paseo?

—La verdad es que nunca he montado a caballo —confesó Sara, precavida.

—Es igual; a Daisy no le importará —la condujo poco a poco hacia la yegua.

—Ni siquiera había tocado antes un caballo, excepto algún pony cuando era niña.

—Daisy no te morderá. Espera, dame tu mano.

La cogió y le hizo tocar el morro de Daisy.

—Es blando —dijo Sara, acariciando a la yegua.

Ken le puso la silla y montó.

—¿Vas a montar, o tendré que ir a buscar una cuerda para que subas?

Sara se dejó sujetar y alzar hasta quedar montada en la grupa detrás de él.

—No tengas miedo —dijo él, al volverse y ver su rostro espantado—. No dejaré que te caigas.

Dio riendas a Daisy, y salieron del corral por una pasarela de madera.

Al cabo de media hora de paseo, más o menos, llegaron a la playa. Ken taloneó ligeramente a la yegua y ésta inició un trote ligero que sobresaltó a Sara. Se le escapó un grito, pero era evidente que estaba disfrutando del paseo. Apoyó la cara en la espalda de Ken y le rodeó fuertemente con los brazos para no caerse.

Ken condujo a la yegua hasta el rompiente, y luego continuaron por el borde del agua, siempre al trote. Sara se sentía ligera como un pájaro. Su rostro estaba radiante, y su largo cabello ondeaba al aire como una bandera.

Ken frenó a la yegua y desmontó de un salto, aterrizando sobre la arena húmeda.

—Voy a decirte la verdad, Sara —le dijo, y se interrumpió un momento para mirarla detenidamente—. Cuando mi madre me dijo que te llamara, la cosa no me hizo demasiada gracia de momento, ¿comprendes?

—Claro —respondió Sara, con una mueca de confusión.

—Quiero decir que me temía que fueses alguna especie de pava...

Se interrumpió, mirándola con un poco de turbación, y agregó poniéndose colorado:

—Esto..., no era eso lo que quería decir en realidad... Yo...

—No importa. Creo que lo era, según cómo se mire.

—Pero luego, en la fiesta, cuando te pusiste a cantar y estuviste tan animada, me di cuenta de que te había juzgado mal. Y cuando estampaste aquella bandeja de emparedados en la pechuga de Marsha...

Ambos se echaron a reír al recordarlo.

Ken se puso serio en seguida y continuó:

—Tú eres diferente, Sara. Diferente de lo que yo pensaba, y diferente de las demás chicas que corren por aquí.

Sara se dio cuenta de que las palabras de Ken no eran para ser tomadas a la ligera. Comprendió que estaba naciendo entre ellos algo más hondo. Él le tendió los brazos para ayudarla a desmontar. Cuando la dejó en el suelo, la miró con cariño y la atrajo hacia sí, besándola con suavidad en los labios. Ella le echó los brazos al cuello con fuerza para prolongar el beso unos instantes. Así permanecieron abrazados hasta que Daisy se movió con impaciencia, empujándolos con su grupa y haciéndolos caer en la arena.

Ken, jugando, le arrojó un puñado de arena a Sara.

—Me parece que Daisy está celosa —se burló ella, echando a correr al borde del agua.

—Otra jugarreta como ésta, sabihonda —reprendió él a la yegua con voz cariñosa—, y te vendo a una fábrica de salchichas.

Sara regresó a su lado y él le rodeó los hombros con un brazo. Luego pasearon por la playa, llevando a Daisy de las riendas. El sol estaba poniéndose ya, y bañaba con un resplandor rosado la arena y la espuma del oleaje. Sara se sintió confortada y protegida como el día que salió a pasear con su padre. Había olvidado todas sus contrariedades.

«Es posible que las cosas salgan bien, a fin de cuentas —pensó—. Sólo digo que es posible.»

6

El Camaro azul pasó por delante de la casa de los Hodges y frenó ruidosamente a medio centenar de metros calle abajo. Sara se apeó, llevando sus libros de la escuela, agitó la mano para despedirse de Ken y corrió hacia su casa. Mientras abría la puerta recordó la sorpresa que había experimentado al ver que Ken la esperaba a la salida de clase, ofreciéndose a llevarla a casa. Ella se dio prisa en subir a su lado, con la esperanza de haber sido vista por Marsha y sintiéndose muy importante.

Recorrió la planta baja y, al entrar en el comedor, dejó los libros sobre la mesa.

—¡Ya estoy aquí! —gritó, y luego empezó a pasar revista al correo.

Oyó entonces unas voces apagadas que parecían reñir. Cuando se acercó a la puerta de la cocina se dio cuenta de que su madre estaba echándole una reprimenda a Margaret.

—Pues ¿quién lo ha cogido, dígame usted? Si usted no fue, ¿quién lo hizo?

Sara entreabrió la puerta; su madre estaba demasiado acalorada y no la vio. Las dos mujeres se hallaban cerca de la puerta trasera. Margaret temblaba un poco, y su expresión normalmente jovial aparecía deformada por arrugas de preocupación. En cuanto a Jean, sujetaba con nerviosismo su monedero y no parecía muy contenta de lo que se veía obligada a decir.

—Me preguntaba por qué la despido. Ahora ya lo sabe. Por favor, no haga que resulte aún más penoso de lo necesario.

Se volvió y reparó en la presencia de Sara. Ésta vio en el rostro de su madre una expresión que no le conocía.

—No haces ninguna falta aquí, Sara —dijo Jean.

Entonces Margaret dijo, mirando a Sara como si quisiera buscar en ella un apoyo:

—Yo jamás he tocado los licores, señora Hodges.

—Pues, en tal caso, ¿a qué huele su aliento, Margaret, incluso ahora mismo? —replicó la aludida con crueldad.

—A veces tomo un poco de vino con la comida —admitió Margaret—. No creí que nadie fuese a darle importancia.

Sara comprendió que Margaret no quería denunciarla; había entre ellas como un acuerdo tácito, una comprensión que no precisaba de palabras. Quiso interceder:

—Escucha, mamá... Aquí hay un error.

Margaret le dirigió una mirada implorante, pero Sara no tuvo valor para seguir. No quería enemistarse con Matt, después de las promesas que le había hecho para conseguir que le levantase el castigo.

—No hay ningún error —rebatió Jean las palabras de Sara. Y volviéndose hacia Margaret, agregó—: Mi esposo dice que la botella ha sido rellenada con agua para reponer lo que faltaba. No se puede engañar a un verdadero bebedor de whisky con ese truco. Y aquí no ha entrado nadie más.

—Pero ¿tanto te cuesta perdonarla y darle otra oportunidad?

Jean no estaba para hacer caso de los ruegos de Sara. Entregó unos billetes a Margaret.

—Lo siento —dijo fríamente—, pero nos vemos obligados a prescindir de sus servicios.

—Mamá, por favor...

—¿Te figuras que este asunto me divierte? ¿Crees que resulta fácil para mí? —se volvió hacia Sara con un ademán impulsivo.

Luego metió el dinero en la mano de Margaret, quien lo cogió a regañadientes. Sin mirar a ninguna de las dos, Jean pasó de largo para salir de la cocina. En el último instante dijo sin volverse:

—Voy al despacho de Matt, porque cenaremos fuera. Hay pollo en el refrigerador. Volveremos tarde.

—Adiós, Sara —dijo Margaret con tristeza.

Con los ojos llenos de lágrimas, Sara se asomó a la ventana, viendo cómo Margaret se alejaba calle abajo con paso lento y abatido. Comprendió que había sido cobarde el permitir que otra persona cargase con las culpas por algo que había hecho ella. Y lo más trágico era que Margaret había sido su única amiga en todo el mundo, la única persona capaz de perder el tiempo escuchando las quejas de una criatura solitaria.

Después de mirar en todas direcciones para asegurarse de que Jean hubiera salido a su vez, Sara corrió al estudio y abrió el mueble-bar. Tomó una botella y un vaso, pero su mano se detuvo con la primera a pocos centímetros del segundo. Ahora no podía beber de aquella botella, porque ellos se darían cuenta y no era conveniente que tal cosa sucediera. Con un esfuerzo de voluntad, devolvió la botella y el vaso a su lugar. Tendría que idear otro modo de conseguir el ansiado alcohol.

Regresando a la cocina, Sara hojeó el cuaderno de direcciones de su madre hasta encontrar el teléfono de la licorería.

Marcó el número despacio, después de cubrir el micrófono con un pañuelo para disfrazar su voz. Formuló su pedido con palabras rápidas, mientras su corazón latía con fuerza. Por último colgó y se dejó caer en una silla. Le temblaban tanto los hombros, que se cruzó de brazos en un intento por dominarse. Por la frente le corrían arroyos de transpiración, y estaba mortalmente pálida. Acurrucada en su silla, esperó con impaciencia.

ANOCHECÍA CASI CUANDO SONÓ el timbre de la puerta. Sara corrió a abrir.

—Recado para la señora Hodges —anunció un joven de aspecto simpático, pelirrojo y barbudo.

—Yo me encargo. ¿Qué es? —preguntó Sara.

—Lo siento, chata. A ti no te lo puedo dar... Es morapio.

—¡Ah...!

—¿Está tu madre en casa?

—¡Claro! Pasa —dijo Sara, precediéndole a través del recibidor y en dirección a la alcoba de su madre—. Está en la ducha.

Al acercarse oyeron correr el agua de la ducha. Sara abrió la puerta del baño y gritó para hacerse oír en medio del ruido del agua:

—Es el repartidor de la licorería, mamá.

El aludido retrocedió un paso con gesto de confusión, temiendo que su presencia pudiera parecer indiscreta.

Sara se metió en el baño y cerró la puerta a su espalda. Casi en seguida volvió a salir, diciendo:

—Dice que lo dejes sobre la mesa. El dinero está en su bolso.

El joven siguió a Sara hasta el comedor, abrió la bolsa de papel que traía y sacó una botella mediana de vodka, así como un litro de vino barato.

—Son ocho dólares con setenta y tres centavos, impuestos incluidos —dijo—. La verdad es que no entiendo cómo algún adulto en sus cabales puede tomarse este brebaje.

Ante el gesto interrogador de la muchacha, señaló el vino.

—Es como una especie de jarabe.

—Mi madre no es demasiado exigente —replicó Sara mientras le tendía un billete de diez dólares que previamente había tomado del bolso de Jean—. Quédate el cambio.

—Gracias.

Al llegar a la puerta, el recadero se volvió para despedirse con agradecida sonrisa.

Sara permaneció apoyada en el umbral hasta que le oyó poner en marcha su camioneta. Luego dejó colgar la cabeza y los brazos, perdida toda compostura ante la intensidad de su deseo. Corrió al cuarto de baño y cerró el grifo de la ducha que nadie estaba utilizando.

En seguida se dirigió al comedor, tomó las dos botellas y un vaso de papel, y subió a su habitación tomando los escalones de dos en dos. Después de cerrar la puerta de un puntapié, puso las botellas sobre el tocador y se dispuso a abrir la de vodka. Costaba desenroscar el tapón, y cuando lo consiguió, estaba temblando de una manera incontrolable. Por último consiguió llenar el vaso de vodka y lo apuró de un solo trago. Con más calma, lo llenó de nuevo, prefiriendo esta vez el vino. Dejó el vaso lleno sobre la mesita de noche y se dirigió a su armario para esconder las dos botellas detrás de un montón de zapatos, no sin cerrar luego con llave.

Amontonó las almohadas para que le sirvieran de respaldo y se acomodó sobre la cama; al mismo tiempo se llevó el vaso de vino a los labios y tomó un sorbo, llena de gratitud. Su temblor había cesado y se sintió invadida por una gran paz. Olvidó todo lo relativo a Marsha y sus mentiras; olvidó el despido de Margaret; olvidó la ausencia de su padre. Aquel humor alegre y despreocupado la hacía flotar muy por encima de todos sus problemas; poco a poco éstos perdían importancia y se disolvían en la nada.

7

CADA MAÑANA LE COSTABA más a Sara el despegarse de las sábanas. A las siete, cuando despertaba, tenía siempre la cabeza embotada, o como si la envolviera una espesa niebla. Vestirse y bajar a desayunar le resultaba una tarea ímproba. Cuando emprendía, por fin, el camino de la escuela, solía echarse a temblar presa de una tremenda debilidad. Trató de solucionar este problema llevando siempre en la bolsa de los libros una vieja botella de colonia que había rellenado de vodka. De este modo encontraba prontamente a mano el remedio necesario.

Cruzando a toda prisa el vestíbulo de la escuela, Sara intentó alcanzar su casillero antes de que alguien la sorprendiera fuera de clase y sin pase de salida. Llevaba una lata de jugo de manzana con una paja. Después de forcejear con la cerradura de su casilla, consiguió abrirla y sacar la botella de colonia, que por precaución sacaba de la bolsa todas las mañanas para guardarla bajo llave. Volviéndose de espaldas para disimular, vertió una dosis del incoloro líquido en la lata de jugo.

—¿Ahora te ha dado por beber colonia? —preguntó una voz conocida.

Sara se volvió con sobresalto, tratando de ocultar la botella.

—¿Quieres que te diga una cosa? ¡Es muy feo andar espiando a las personas! —replicó al ver el rostro sonriente y preocupado de Ken.

Con rápidos movimientos tapó la botella y la metió en su casilla; luego sacó los libros y dejó el jugo de manzana.

—¿Por qué no has dejado que lo probara? —preguntó Ken cuando ella cerró de golpe y giró la llave.

—¿Qué eres tú? ¿Un policía, o algo así? —replicó en tono frívolo, como si fuese una broma.

—A decir verdad, te has dado mucha prisa en esconder ese brebaje.

—¿A qué hora es la verbena playera del sábado? —quiso cambiar de tema Sara, evitando la mirada del muchacho—. ¿Iremos en coche, o montaremos a Daisy?

Ken apoyó un hombro contra el casillero y abultó el labio inferior, con gesto pensativo.

—¿Sabes? Me tienes un poco preocupado, Sara.

Luego añadió, poniéndole una mano en el hombro:

—¿No te parece que beber en la escuela..., quiero decir, aquí en medio del vestíbulo...? En fin, ¿no te parece un poco absurdo?

Ella rechazó su mano, molesta por aquellas palabras.

—Y a ti, ¿no te parece que te estás poniendo un

poco pelma? Anda, vete al comedor y destapa los termos que traen los demás..., ¡casi todos apestan a destilería!

Cambiándose los libros de brazo, le espetó con aire definitivo:

—¡No es ningún crimen, creo yo!

—No, pero no me gusta que lo hagas.

—En tal caso, no olvides que fuiste tú quien me inició —dijo con astucia.

—¿De veras? —replicó Ken con intención.

Alarmada al advertir el tono de sus palabras, Sara volvió a asumir su postura de niña dulce e inocente.

—Tienes razón, Kenny. Lo siento —alzó tímidamente la mirada hacia él—. Si tú no quieres, no volveré a hacerlo.

Ken fue a responder, pero entonces vio que una muchacha corría hacia Sara con un billete de color rosa en la mano.

—Te he buscado por todas partes —balbució con un soplo de aire—. Te han llamado al despacho de la señora Farrell.

—¿A mí? ¿Para qué?

Miró a Ken con ansiedad, y la chica respondió:

—No lo sé, pero vale más que te des prisa. Tu madre está allí también.

Distraída, Sara se puso en marcha, pero luego se volvió hacia Ken.

—¿Llamarás?

Él asintió y se alejó en dirección opuesta.

Sara se detuvo unos instantes para componer su persona. Tenía mucho miedo. Se metió un caramelo de menta en la boca, y luego otro. Luego se alisó el cuello de la blusa y se pasó la mano por el cabello, al tiempo que se encaminaba a la oficina de la directora adjunta preparándose para lo peor.

La señora Farrell era una cuarentona de modales agradables, que llevaba los cabellos de color castaño lisos y muy cortos. Detrás de los gruesos cristales de sus gafas brillaban unos ojos grises de expresión cordial. Aunque era directora adjunta para el alumnado femenino, se sabía que no acostumbraba hacer distinciones cuando alguien acudía a ella para exponerle un problema.

La directora hizo pasar a Sara a su despacho, donde Jean llevaba esperando más de media hora. Madre e hija se contemplaron con irritación. Jean estaba particularmente molesta porque le habían estropeado su partida de bridge.

—Imagino que ya sabes en qué consiste el problema, Sara —dijo la señora Farrell con su voz suave y conciliadora—. Has estado faltando a las clases.

En busca de apoyo, Sara se volvió hacia su madre.

—Le he dicho a la señora Farrell que había un error, y que tú ibas a explicarlo todo —dijo Jean con sequedad.

Ambas mujeres miraron a Sara, esperando su respuesta. Se le humedecieron las palmas de las manos y su mente pasó revista a docenas de pretextos.

Al cabo de un minuto, empezó:

—Pues..., ¡hum!... La semana pasada tuve que ir un par de veces... a la biblioteca, por ese trabajo que he de hacer sobre la explosión demográfica..., y el jueves pasado me vino el..., ya sabes..., el período, y salí a echarme un rato en el coche de un amigo porque estaba...

La señora Farrell se quedó muy sorprendida.

—Pero ¿por qué no fuiste a la enfermería?

—Sí, supongo que debí hacer eso... Fue un error, mamá. Sólo ha ocurrido un par de veces. Explícale que todo está en orden, como dijiste.

Jean se limitó a contemplar a su hija, con los labios muy apretados.

La señora Farrell abrió un cajón de su escritorio y sacó dos notas escritas a mano. Sara palideció al verlas.

—¿Reconoce usted su firma en estas notas de excusa por ausencia, señora Hodges? —dijo, tendiéndole los papeles por encima de la mesa.

Jean los estudió unos instantes y luego meneó la cabeza, muy seria, al tiempo que devolvía las notas. Hubo unos instantes de silencio mortal.

—Tienes clase dentro de unos minutos, Sara —fue la señora Farrell la primera en hablar—. Puedes retirarte. Tu madre y yo trataremos de aclarar esta cuestión.

Sara hizo ademán de ir a salir, pero luego se quedó mirando a Jean con aire contrito.

—Anda, vete —insistió la señora Farrell.

Sara se abrió paso a empujones entre los nutridos grupos de alumnos que salían de sus clases y se precipitó hacia el casillero. Abrió con impaciencia y metió la mano en busca del jugo de manzana «mejorado» por ella. Sin molestarse siquiera en comprobar si alguien podía verla, empinó el codo y apuró todo el jugo con vodka.

En la oficina de la directora adjunta, Jean se disponía a ponerse en pie para irse:

—Ha cumplido usted con su parte —dijo mientras se ponía el abrigo—. El resto es asunto mío, ¿verdad?

Pero la señora Farrell estaba leyendo el expediente de Sara, con voz monótona:

—Rehúsa cambiarse para ir al gimnasio..., parece distraída..., calificaciones mediocres..., se esfuerza sólo lo justo para ir tirando...

Cerró el expediente, se quitó las gafas y miró con franqueza a Jean:

—Señora Hodges, Sara es una criatura con un coeficiente de inteligencia muy alto y una gran capacidad. Aquí hay algo que no marcha.

—Es por el cambio de escuela —respondió Jean con poca convicción.

«¿Qué le importan a esta desconocida mis problemas familiares? —pensó—. ¡No son asunto suyo!»

—También tengo aquí copia del expediente de Sara en la escuela anterior.

Jean se dijo que no aguantaba ni un minuto más la conversación de aquella mujer, y echó a andar hacia la puerta.

—Le diré a mi marido, el señor Hodges, que hable con ella tan pronto como regrese de su trabajo, esta noche.

—No estoy segura de que sea ésa la solución más indicada —objetó la señora Farrell.

Jean la miró como si estuviese a punto de emprenderla a puñetazos con ella. La señora Farrell le hizo seña de que tomase asiento y continuó en tono clínico:

—Tiene síntomas de dificultad de adaptación. Su estado de ánimo es inestable y está sujeta a fuertes depresiones.

—Es una adolescente; a su edad ocurren estas cosas. Yo solía coger una depresión cada vez que me salía un grano en la barbilla.

No tenía ganas de escuchar aquella letanía profesional. Su hija sólo estaba deprimida; era una adolescente sana y su depresión era bastante normal.

Pero no era tan fácil hacer callar a la señora Farrell:

—El año pasado tuvimos un muchacho con depresión debida a un acné no demasiado grave. Se ahorcó.

Guardó silencio mientras esperaba la reacción a sus palabras.

—¡No es posible! Alguna otra cosa debía de andar mal con él —dijo Jean, consternada.

—No necesariamente. Algunas criaturas toman las cosas mejor que otras. Los padres del chico creyeron que estaba atravesando una fase propia de su edad.

Echó hacia atrás la silla y rodeó el escritorio para acercarse a Jean, con expresión solícita.

—Tal vez convendría acudir a la opinión de un especialista —aconsejó.

—No lo creo así —replicó Jean, negándose en redondo a considerar la idea. ¿Por qué tomaba aquella mujer una situación completamente trivial para convertirla en un melodrama?

—Nuestro expediente indica que usted contrajo segundas nupcias hace menos de dos años —continuó la señora Farrell, buscando otro terreno donde plantear la cuestión.

Molesta por la intromisión de aquella mujer, Jean replicó violentamente:

—¡Muy bien! ¿Dice también el expediente con qué clase de hombre me he casado? ¿Dice que es honrado y trabajador, y que procura influir sobre mi hija en sentido positivo?

—¡Señora Hodges! —quiso apaciguarla la señora

Farrell—. En ningún momento he pretendido insinuar...

—¿Se ha molestado alguien en mencionar, para que constase en el expediente, que vaya usted a saber por qué casualidad he conseguido educar otra hija? ¿Que está felizmente casada y acaba de darme una nieta? —el tono de su voz fue subiendo a medida que hablaba, hasta chillar—: ¿Y que nunca ha tratado de ahorcarse?

Jean se puso en pie de un salto y fue a salir, pero se detuvo con la mano en el pomo de la puerta.

—Le juro que no entiendo a las personas como ustedes. Creen que todos los hijos de hogares divorciados son aspirantes a pasarse nueve años sobre el sofá del psiquiatra, ¿no es cierto? Pues yo le digo que, si la escuela atendiese a sus obligaciones, procurando que la enseñanza fuese más interesante y que hubiera menos distracciones... Puede que si se ocuparan de eso, en vez de recurrir a esa psicología de andar por casa cada vez que se plantea una cuestión de disciplina...

La señora Farrell observó a Jean en silencio, dejando que se desahogara. Jean se dio cuenta de que estaba comportándose de un modo irracional, por lo que se interrumpió de pronto y recobró la compostura.

—Bien; si ustedes no saben qué hacer, mi esposo sí sabe cómo enfrentarse a esta clase de situaciones —dijo en el momento de salir del despacho, cerrando la puerta con firmeza.

Nerviosa por su discusión con la señora Farrell, Jean cruzó corriendo el vestíbulo y regresó adonde había estacionado su coche. Subió, maniobró la llave de contacto y arrancó en dirección a su casa. Tendría que hablar con Matt acerca de Sara. Aquello no podía continuar. Sin duda era cosa de las malas compañías, del grupo al que se había unido. ¡Y pensar que fue ella misma quien arregló la cita de Sara con aquel tipo, Ken Newkirk!

«¡Cómo pudo ocurrírseme!», pensó Jean, frunciendo el ceño. Seguramente era Ken el responsable, el que ejercía una influencia nefasta sobre Sara. Sería preciso decirle a Matt que prolongase el castigo de Sara. Unos cuantos días más sin salir le resultarían de gran provecho.

En vez de tomar el camino a su casa, Jean aparcó junto a la acera y se metió en una cabina para telefonear a Matt. Le citó en una cafetería para discutir el problema de Sara mientras tomaban unas copas.

SARA DECIDIÓ REGRESAR A CASA sin asistir a la última clase. Ni siquiera el contenido de la botella de colonia le servía para aliviar al malestar que estaba empezando a invadirla. Ella no sabía por qué se sentía triste y deprimida, pero así era. Trató de alegrarse recordando que estaba invitada a una fiesta en compañía de Ken, pero ni siquiera eso le sirvió de consuelo.

A decir verdad, vivía con el constante miedo a perderle; cuando le tenía a su lado, se notaba nerviosa y poco segura de sí misma. Naturalmente, no podía acudir a su madre para discutir con ella estas cuestiones o pedirle consejo. Era como si, desde el mismo día del divorcio, se hubiese alzado un muro entre ambas, y cada hoja del calendario era como una piedra más añadida a ese muro. Por otra parte, pensó Sara al borde de las lágrimas, ahora Jean tenía que pensar en Matt y, por si eso no fuese bastante para tenerle distraída, también estaba la niña de Nancy. Para su madre, Sara no era más que un estorbo.

Sara empezaba a odiar las cuatro paredes de su habitación. Tenía abandonados los deberes escolares y ni siquiera leía. No hacía otra cosa sino permanecer tumbada en la cama, contemplando el techo. De vez en cuando volvía las páginas de alguna revista, aunque sin prestarle atención en realidad. Varias de ellas aparecían desparramadas por el suelo. Pensó que le gustaría abandonar la casa y el vecindario para huir a Oregón, para escapar a aquella constante incitación a adaptarse y ser como los demás.

Cuando sonó el timbre de la puerta, Sara se levantó de un salto y corrió al cuarto de baño con objeto de abrir el grifo de la ducha. Luego fue a abrir al repartidor.

Entonces vio que no era el mismo de la primera vez, sino un hombre mayor, de mirada severa.

—Espere un momento, por favor —le dijo Sara mientras se volvía hacia la puerta del baño; luego alzó la voz para gritar—: ¡El repartidor de la licorería, mamá! ¿Dónde quieres que deje el pedido?

A continuación le condujo al comedor y le dijo que pusiera las botellas sobre la mesa. Era lo mismo de la otra vez: una botella mediana de vodka y un litro de vino.

—¿Cuánto es? —preguntó Sara, haciendo ademán de ir a coger el monedero.

—Prefiero esperar a que salga tu madre, si no te importa —dijo el desconocido, un hombre bajito y bastante calvo, poniendo mucho énfasis en sus palabras.

—Como quiera. ¿Por qué iba a importarme? —respondió ella, un poco avergonzada.

Al cabo de unos instantes agregó con fingida sonrisa:

—Aunque debo advertirle que mi madre es una campeona de permanencia en la ducha de toda la civilización occidental. Hemos de anunciarla en el Anuario Guinness de Records Mundiales.

Al hombre no pareció importarle la broma.

—Ésa es una de las ventajas de ser el dueño. Puedo tomarme todo el tiempo que quiera.

Sara comprendió que estaba atrapada; todavía intentó disimular algunos minutos más, mirando de un lado a otro como si esperase ver aparecer a su madre. Luego admitió a regañadientes:

—Mire, señor, voy a decirle la verdad, ¿de acuerdo? Mi madre no está en casa.

—Lo sé —replicó el otro tranquilamente.

—Verá, es que hoy es el cumpleaños de mi papá, y he querido darle una sorpresa con...

Ella estaba muy satisfecha de su ocurrencia, pero el dueño de la licorería se limitó a dirigirle una mirada de incredulidad.

—Si se lo dice a mi madre va a ponerme en un apuro —balbució ella, empezando a asustarse.

—Mira, pequeña —dijo el tendero en son de advertencia—. Si te entregase estas botellas a ti, sería yo el que iba a meterse en apuros. Podrían quitarme la licencia de mi establecimiento.

—Lo siento —dijo Sara con auténtica contrariedad—. No se me había ocurrido.

Ahora estaba cogida, como una alimaña en la trampa. Si no conseguía un trago pronto, iba a explotar.

Empezó a advertir que todo su cuerpo flaqueaba. En seguida le darían los temblores, y luego aquel terrible sudor. Si no le daba las botellas aquel hombre, podía ocurrir cualquier cosa.

—¿Crees que tardará mucho en volver tu madre?

—¡Por favor, señor...! —exclamó Sara echándose a llorar, desesperada.

Él la miró con solemnidad y luego le dio una palmadita en la cabeza.

—Muy bien; por esta vez lo dejaremos correr. Pero como vuelvas a intentar una jugarreta como ésta o la del otro día...

Dejando en suspenso la amenaza, se volvió para coger las botellas y meterlas otra vez en la bolsa. Sara las contempló con ansiedad, con los ojos muy abiertos y el rostro blanco como la pared.

—No lo haré más —logró balbucir apenas—. Palabra. Le estoy muy agradecida..., y perdone.

Le acompañó a la puerta y se quedó mirando mientras el hombre se alejaba; luego la cerró con suavidad.

—¡Bastardo! —murmuró, arrojándose en el sofá del salón.

El temblor ya no se podía dominar; le castañeteaban los dientes y le parecía que su cabeza estaba a punto de estallar... Incorporándose, se rodeó el cuerpo con ambos brazos como si quisiera contener su temblor, pero no le sirvió de nada.

Los ojos se le llenaron de lágrimas, y empezó a llorar desesperadamente.

8

NANCY HABÍA SIDO SIEMPRE la preferida de su madre. En cuanto a Sara, no podía recordar época alguna en que hubiese dejado de admirar y envidiar a su hermana mayor, sobre todo cuando ésta se arreglaba para acudir a alguna cita. Siempre fue más bonita que Sara, más brillante en sus estudios y más popular entre los chicos. A veces incluso le parecía a Sara que Jean había gastado con Nancy todo el caudal de su cariño, por lo que no le quedaba nada que dedicar a su hija pequeña.

En cambio, Sara fue la favorita de su padre, quien compartía con ella sus más queridos pasatiempos, como asistir a partidos de béisbol, hacer largos paseos por la playa, pescar y saber apreciar las bellezas de la naturaleza. Por eso Jerry le había dejado a Sara una herencia más importante que el dinero: una colección de recuerdos maravillosos. Pero ahora que no le tenía a su lado, se sentía sola y abandonada.

—¿Alguna vez deseaste que yo fuera un chico? —le preguntaba Sara a su padre con frecuencia.

—No, nunca —respondía él cariñosamente—. Me gustas tal como eres.

A imitación de su madre, Nancy se había casado muy joven, apenas cumplidos los veinte, cuando llevaba sólo dos años de Universidad. Para casarse con Ted Stewart, abandonaba su carrera de Biología. La confirmaron en esa decisión los consejos de Jean, quien opinaba que Ted, como ingeniero que era, tenía ante sí «un brillante porvenir». Por ello Nancy se avino a prescindir del sueño de toda su vida, que era el de llegar a ser biólogo, a cambio de la «seguridad» y de una niña.

El nacimiento de Laurie trajo consigo una primera aproximación entre las dos hermanas. Como se llevaban siete años de diferencia en edades, nunca habían sido muy íntimas. Ahora Laurie era el denominador común de ambas. A Sara le gustaba visitar la agradable casa ajardinada de Ted y Nancy, que no quedaba muy lejos de la vivienda de los Hodges. A veces le servía como refugio, cuando estaba tan harta de sus mayores como de la escuela.

—Le gusta —se dirigió Nancy a una Sara radiante, que alzaba en la mano un móvil de alegres colores.

—Más vale que así sea —respondió Sara, mirando a la niña con cariño—. Su tía lo hizo para ella en la cárcel.

Estaban en el cuarto de la niña, pintado de amarillo y blanco y amorosamente decorado por Nancy. Sara se encaramó a una silla para colgar el móvil. Era sábado, y Sara se había presentado a primera hora de la mañana para cuidar a Laurie mientras Nancy salía a hacer las compras. A Sara le gustaba pasarse las horas muertas en compañía de la criatura quien, a sus tres meses, comenzaba a despertar al mundo que la rodeaba. Aunque solía dormir la mayor parte del tiempo, Sara no se apartaba de ella, para cubrirla con el embozo de la cuna y velar en todo momento por su comodidad. Tomaba asiento en una mecedora al lado de la cuna de Laurie y le cantaba en voz baja, mientras se preguntaba si alguna vez ella tendría también marido e hijos. A veces le gustaba imaginar que la niña era suya.

Nancy terminó de cambiarle los pañales a la niña y la acostó, haciéndole seña a Sara para que la acompañase fuera del cuarto.

—Pues yo diría que has salido bien librada —le dijo Nancy cuando estuvieron sentadas en el estudio—. ¿Acaso no te dejan ir a la verbena de la playa?

La suave luz del sol se filtraba por entre los cortinajes de las ventanas. Jean había ayudado a Nancy en la decoración, y algunos detalles del estudio llevaban el sello personal de aquélla: una alfombra de dibujo indio, un sofá de cuero, algunos almohadones de piel en el suelo, alrededor de una jardinera con plantas de interior. Sara habría preferido quedarse en el cuarto de la niña, donde se sentía más segura, más lejos de la tiranía de su madre.

—Sí, ¡vaya cosa!

Sara confiaba en que Nancy atribuyese su brusquedad a la excitación de la esperada fiesta. Lo que ocurría en realidad era que necesitaba un trago; la espera de la velada la ponía cada vez más nerviosa.

—¿Con quién vas a ir? —preguntó Nancy.

—Con unos chicos.

—¿Con ninguno en particular?

Sara cogió un almohadón y lo rodeó con los brazos contra su pecho.

—En realidad, no.

—¡Anda ya! —la urgió Nancy—. No me lo creo. ¿Para qué están las hermanas mayores, eh?

—Pues, bien...

—¿Es guapo? ¿Es alto?

Sara se ruborizó y, sin poder contenerse más, descargó todo el peso que tenía en el corazón.

—Es el chico más estupendo de toda la escuela. Quiero decir que apenas creerías que un muchacho así fuese a fijarse en mí.

—¿Y por qué no? —preguntó Nancy mientras se encaminaba a la cocina.

Puso vasos y refrescos en una bandeja y, cuando iba a salir, observó que la puerta de la despensa donde guardaba los licores estaba abierta. Distraída, la cerró empujándola con el pie.

—¿Dispones de tres días para que te recite todas las razones?

—Me sorprende que mamá no me lo haya mencionado.

Dándose inmediatamente cuenta de su error, Sara trató de enmendarlo. Ahora ya sabía que no podía fiarse de su hermana.

—Mamá todavía no le conoce —ensayó la evasiva.

—¡Cómo! ¿No se presenta en casa a recogerte?

—No, él..., ¡ejem!..., no vive cerca. Es de otra escuela.

—Antes dijiste que era de tu escuela.

Las evasivas de Sara en aquella conversación empezaban a molestar a Nancy.

—Oye, Sara —empezó con voz que parecía más la de Jean que la de una mujer tan joven como ella—, ¿no estarás hablando del sinvergüenza que te emborrachó la otra noche? ¿De ese Ken o como se llame?

Ofendida por el interrogatorio de Nancy, Sara empezó a pasear de un lado a otro de la habitación.

—No es ningún sinvergüenza —dijo con aire obstinado—. No es lo que tú has dicho, te lo juro. No fue culpa suya.

Miró a su hermana con espanto, y agregó:

—Prométeme que no vas a contarlo.

Ante el silencio de Nancy, Sara corrió a arrodillarse a su lado.

—¿Para qué están las hermanas mayores, eh? —repitió las palabras de Nancy—. Prométeme que no se lo dirás a mamá —insistió en tono implorante.

Nancy no respondía; parecía estar considerando las diferentes posibilidades y sus consecuencias.

—Prométélo —Sara prácticamente mendigaba la promesa—. ¡Por favor!

—Está bien —dijo de mala gana Nancy—. Lo prometo.

Sara fue a recoger su abrigo y sus libros.

—Creo que voy a irme ahora.

Pero Nancy no estaba dispuesta a dejarlo correr con tanta facilidad.

—Pero, ¿por qué no quieres contárselo a mamá? ¿Por qué no eres sincera con ella? Ella sabrá comprenderlo.

Sara se rió sardónicamente al oír esta última observación de su hermana.

—No lo comprendería. Nunca comprende nada. Parece que cuanto yo hago sólo sirve para molestarla

—hizo una pausa—. A veces pienso que no me quiere demasiado.

—Palabra que cuando te oigo hablar así me recuerdas cada vez más a papá.

—Entonces, empiezo a comprender lo que tuvo que aguantar el pobre papá —dijo Sara con clarividencia impropia de su edad.

—Y ¿qué me dices de ella? —replicó Nancy, turbada por la afirmación de Sara—. ¿Qué me dices de lo que ha aguantado mamá? Créeme, Sara, no tienes edad suficiente para saber lo que ocurría entre ellos.

Agitada, irascible, Sara le replicó casi a gritos:

—Conque no, ¿eh? ¡Ya lo creo que sí! Él era un artista, y ella le estrujó hasta sacarle toda la vida y toda la alegría. Como si fuese... un tubo viejo de pintura gris. E hizo de él un..., un... vendedor ambulante.

—Era un soñador —dijo Nancy con suavidad, tratando de apaciguarla—. Y ella quiso hacer de él un esposo responsable. ¿Hay algo malo en eso?

Llorosa, Sara murmuró:

—Sí —y luego, en voz alta y gritando cada vez más—: ¡Sí! ¡Sí...!

A esto se metió corriendo en la cocina, cogió su bolsa y salió por la puerta trasera. Nancy la siguió con la aflicción reflejada en el rostro.

—¡Espera, Sara! —gritó.

Pero su hermana estaba ya montada en la bicicleta y pedaleaba furiosamente.

Sara habría querido alejarse de Nancy y de su madre con la mayor rapidez posible. Eran tal para cual, de tal palo tal astilla, y no pretendían otra cosa sino moldearla a ella a su imagen y semejanza, destruyendo toda su personalidad y todo lo que pudiese recordarles a Jerry. Rodó a toda velocidad, no sin antes comprobar si la media botella de ginebra que le había robado a Nancy estaba bien segura dentro de la bolsa.

SARA ESTABA AGOTADA DE DAR vueltas en bicicleta todo el día, hasta que fue hora de regresar a casa y vestirse para la fiesta. Quería estar bien bonita para Ken, y el día anterior se había bañado y peinado con especial detenimiento.

Salió media hora antes de la fijada para el comienzo de la fiesta, pues tenía que pasarse por las cuadras, donde la esperaba Ken. Él estaba al lado del pesebre de Daisy, y cuando apareció Sara le dio un cálido recibimiento. Ella todavía llevaba el malhumor de su discusión con Nancy, mas procuró disimular su estado de ánimo en presencia de Ken. En seguida montaron en la yegua y se encaminaron a la playa.

Mientras estaban detenidos al borde de la carretera, esperando una ocasión para cruzar, la yegua hizo un espanto.

—¡Quieta! —le frenó Ken con las riendas. Luego se volvió hacia Sara para ver si estaba asustada—: Han debido de ponerla nerviosa los faros.

Cruzaron la carretera y se guiaron por el resplandor del gran fuego encendido en la playa. La luna llena permitía ver los grupos de jóvenes formados alrededor de la hoguera y de algunos guitarristas. Un oleaje suave bañaba la orilla, dando acompañamiento con su rumor a la charla de los reunidos.

Ken ató a Daisy a un arbusto y reunió algo de hojarasca para que comiera. Luego, cogidos de la mano, Ken y Sara se acercaron a la hoguera.

—Esta noche, invitación extraordinaria —se dejó oír la conocida voz de Ray.

—¿Otra vez con tus viejos trucos? —preguntó Ken cuando le vio poner una gran sandía sobre la toalla playera, y proceder luego a agujerearla con un punzón. A continuación metió pajas en los agujeros e hizo señas a todos para que se acercaran.

—¿Para qué sirve eso? —preguntó Sara al ver lo que hacía.

—Es el famoso truco de la sandía de Ray. La ahueca por dentro y luego la rellena con un litro y medio de ginebra.

Animándose de súbito, Sara apretó el paso hacia el grupo que rodeaba la sandía.

—¡No me digas!...

Ken la siguió, dándose cuenta de su cambio de humor. Cuando llegó a donde estaban los demás, Sara y otros rodeaban la sandía tendidos de bruces en el suelo y chupando como cachorros hambrientos alrededor de la madre.

—¡Eh, Sara! —exclamó alguien—. Deja un poco para nosotros los huerfanitos.

Al inclinarse para tocarle el hombro, Ken observó con qué vigor sorbía por medio de la paja. ¡Parecía como si le fuese en ello la vida! Espantado, la empujó un poco, pero ella no hizo caso. Le dio otro golpe en el hombro, esta vez con más fuerza.

—¡Sara!... Quiero hablar contigo un momento.

Apartándose de la sandía con un esfuerzo, Sara obedeció y se puso en pie. Ken le cogió la mano con rudeza y se la llevó a una zona apartada de la playa, lejos de la hoguera. Sara torció el gesto y se acurrucó al lado de un árbol.

Muy serio, Ken la riñó:

—¿No habíamos quedado en que ibas a dejarlo? El otro día en la escuela prometiste que no volverías a hacerlo.

—¿También tú la vas a tomar conmigo? Ya empiezas a ponerte tan pesado como mi madre.

—¿Por qué tenías que mentirme? Nunca lo hubiera creído de ti, Sara.

—¿Mentirte? ¿Acerca de qué?

Le miró de hito en hito, deseando que se dejara de discusiones cuanto antes, y poder retornar a la sandía.

—Acerca de la bebida, y de que fui yo quien te inició. Dejaste que me creyeran culpable por lo ocurrido aquella primera noche.

Conmovida por sus palabras, Sara exclamó muy bajito:

—¡Ah! Era eso...

—Tú no bebes como una principiante —continuó Ken en tono protector.

—Está bien; me alegro de que al fin lo sepas. Porque me hacía sentirme falsa y embustera. Pero si nunca mi madre se...

—A mí no me preocupa que me crean culpable.

—¿De verdad? —preguntó suavemente Sara.

La miró un rato con atención. Su rostro levantado hacia él era tan inocente, tan infantil, que le hizo sentirse adulto y maduro en comparación, como si le llevase muchos años.

—Lo único que me preocupa eres tú —dijo con voz compasiva.

Ella hizo ademán de abrazarle, pero él la retuvo tomándola de los brazos. No había dicho aquellas palabras para impresionarla, sino porque realmente lo sentía como dijo, y deseaba que Sara lo comprendiera y le creyera.

—Y me preocupa ver que necesitas de verdad el alcohol, por lo que parece.

Adivinando que hablaba en serio, Sara trató de quitar importancia a la discusión.

—¡Por favor, Ken! —dijo en tono frívolo—. Hablas como si yo fuese una especie de alcohólica empedernida.

Él guardó silencio, sin dejar de mirarla, y ella continuó:

—Todavía no veo cucarachas rojas gigantes arrastrándose por las paredes, ¿sabes?

Contrariada por el obstinado silencio de Ken, empezó a ponerse cada vez más furiosa.

—Algunas veces bebo un trago porque me sirve para sentirme mejor, ¿entiendes? Hace más llevadero el incordio de la familia y de la escuela, y todo ese rollo..., así resulta más fácil de soportar.

—En ese caso, ¿por qué necesitas beber cuando estás conmigo, como hace unos momentos?

—Yo no *necesito* beber, como tú dices. Puedo dejarlo cuando me venga en gana. Lo que pasa es que hoy no he decidido dejarlo.

Sin embargo, después de tantos meses era un alivio para Sara el poder discutir con alguien su problema. Era penoso tener que guardarse todos sus temores, ocultar a todo el mundo sus verdaderos sentimientos. Deseó levantar las manos y tocar a Ken; deseó sentir la cercanía de otra persona. No quería verse sola nunca más.

Ken la sacó de su ensimismamiento.

—Anda, volvamos al lado del fuego.

—¡No! Quedémonos —dijo Sara con pasión.

—¿Por qué?

—Quedémonos, porque...

Se apoyó contra él, ansiando con todo su cuerpo que la abrazase. Necesitaba sentirse admitida como una persona con sus deseos, sus temores, sus esperanzas. Murmuró al oído de Ken:

—Si tú me pides que no siga, no seguiré.

Él la miró con sorpresa. Poco a poco, ella alzó los brazos y le rodeó el cuello. Obligándole a bajar la cabeza, le besó en la boca largamente, con ansia febril. Él no se opuso, sino que respondió a la caricia. Cayeron abrazados sobre la arena. A Sara se le escapó un grito ahogado.

—¡Chist! —susurró Ken—. Confía en mí.

9

EL RESPLANDOR DE LA PANTALLA de televisión iluminaba los rostros atentos de Matt y Jean. Matt estaba cómodamente repantigado en un sillón, con los pies sobre la mesita y un bote de cerveza en la mano. Jean ocupaba el sofá y estaba haciendo una labor de ganchillo.

Ambos se hallaban todavía preocupados, después de la entrevista con la señora Farrell, pero no se habían puesto de acuerdo sobre las medidas a tomar. Matt era partidario de darle a Sara otra oportunidad para que tratase de enmendarse. Matt no había tenido hijos propios; en realidad, nunca se había casado antes. En sus veinticinco años de profesión como oficial del Ejército no halló tiempo para las amenidades de la vida conyugal.

Había conocido a Jean en una fiesta celebrada por unos amigos comunes, y en seguida quedó prendado de aquella mujer de palabra fácil, bella y elegante. A su vez, supo cautivar la atención de ella.

Matt Hodges era el polo opuesto de Jerry Travis. Mientras Matt era alto y rubio, Jerry era moreno y de baja estatura. El primero era un ambicioso y el segundo era un soñador; Matt era hombre activo y Jerry un intelectual pensador. Cuando Jean conoció a Matt, su matrimonio con Jerry estaba ya tan deteriorado que prácticamente llevaban vidas separadas.

Por sus conocimientos técnicos en el campo de la electrónica y su amplia experiencia administrativa, acumulada en un cuarto de siglo de servicio en activo, Matt estaba solicitado por cierto número de empresas prestigiosas, entre ellas la de Peterson. Al mismo tiempo, y por su parte, Matt solicitaba a Jean. La cortejaba como lo habría hecho un escolar, enviándole flores y bombones. Y ella se enamoró de él como si fuese el primer hombre de su vida. Cuando tuvo en sus manos la sentencia firme de su divorcio de Jerry, no esperó más de dos días para volver a casarse.

Luego, cuando Peterson ofreció a Matt la vicepresidencia de su empresa de electrónica, Matt consideró que la ocasión ya había madurado y se llevó a Jean y Sara a la casa que ahora tenían. En dos años de matrimonio no había disminuido la intensidad de la atracción entre Matt y Jean; se gustaban como el primer día que se conocieron. Pero, por desgracia, no supieron comunicar o compartir ese amor con Sara. De los personajes en juego, a ella le había tocado el peor papel.

Cuando entró en la habitación casi a oscuras, Sara se dirigió a la ventana y descorrió las cortinas para mirar fuera. Tenía el abrigo puesto y llevaba un montón de libros.

—¿Otra vez de niñera esta noche? —le preguntó Matt.

—Pues sí.

—¿Y qué piensas hacer con el dinero que ganes?

—Ya se me ocurrirá algo —replicó Sara con arrogancia.

Para la mentalidad de Matt, educar a los niños era algo así como adiestrar a un perro. No porque fuese partidario de tratarlos con dureza o injustamente, sino porque creía en el sistema de premios y castigos como procedimiento adecuado para formar en ellos el debido respeto a la autoridad. Opinaba que Jerry había fracasado por completo en su obligación de disciplinar a Sara en tal sentido. Pero, por otra parte, le parecía que ella había cumplido su reciente castigo —la prohibición de salir durante dos semanas— como un verdadero soldado, y estaba contento de la obediencia que había demostrado. Ello le predispuso a hacer alguna concesión.

—Los almacenes Gorton han empezado una campaña de descuento sobre aparatos de televisión. Quiero poner a tu disposición una cantidad igual a la que tú puedas ganar. ¿Crees que sería suficiente para comprarte un aparato portátil de televisión en color?

Sara se quedó muy sorprendida ante el súbito interés de Matt hacia su persona, pero le agradó aquella atención.

—¿En serio?

—Claro que sí.

—¡Sería estupendo! —dijo con sincero júbilo.

—De acuerdo.

Se puso en pie para encaminarse a la cocina en busca de otra cerveza, no sin añadir:

—Ya volveremos a hablar de este asunto.

En la calle sonó un claxon y Sara corrió a la puerta.

—Es para mí. Buenas noches, Matt. Hasta luego, mamá.

En el último segundo, Jean le gritó como si acabase de recordarlo:

—¡Ah! Por cierto, tu padre ha telefoneado esta mañana. Dijo que lo sentía pero que no podría venir este fin de semana...

Sara se detuvo en el umbral y se volvió hacia Jean, con una mueca de decepción en el rostro.

—Quizá tú, Matt y yo podríamos... —sugirió Jean, interrumpiéndose al advertir la reacción de Sara.

—Estoy segura de que debe haber alguna razón importante —se reanimó Sara en seguida—. Quizá se trate de ese nuevo empleo..., de ese asunto que según dijo tenía entre manos.

El claxon volvió a sonar y Sara echó a correr, procurando contener las lágrimas. Subió al coche que la esperaba y cuyo conductor, un hombre de unos treinta y tantos años, mantenía la puerta abierta para que ella entrase. Fred Tyler era un tipo oficioso y frío, con quien Sara no simpatizaba demasiado. Pero le gustaba atender a su hijo Luke, de dos años de edad.

—Señor Tyler —empezó con alguna vacilación—, ¿le importaría que me acompañase esta noche un amigo mío que viene a estudiar?

—En absoluto —respondió Fred Tyler.

Llegados frente a la casa de los Tyler, Sara se apeó mientras el conductor tocaba el claxon con impaciencia. Su esposa, una mujer sumisa y de aspecto ratonil, salió en seguida y corrió hacia el coche.

«Debe ser experto en organización —pensó Sara con ironía—. Consigue que todo el mundo acuda con la puntualidad de un reloj.»

Sara estaba de un talante pasablemente bueno, por cuanto contaba con la compañía de Ken para aquella noche. Y el súbito interés de Matt hacia ella había sido una sorpresa tan agradable como inesperada. ¡Si al menos Jean se hubiese tomado más tiempo para estar con ella! Aún no habían discutido la escena ocurrida en el despacho de la señora Farrell, y el silencio de su madre la hacía desconfiar. Sara habría preferido una escena con gritos y reproches por parte de Jean, en vez de la espera cargada de peligrosas posibilidades.

Oyó que llamaban a la puerta trasera y fue a abrir. Ken entró con aire preocupado y ausente; no parecía el mismo.

—¿Qué te pasa? —le preguntó Sara.

—Nada, sino que tengo un examen muy importante de Química el lunes, y si no estudio me van a catear.

—De acuerdo, pues procuraré no molestarte —respondió Sara—. Ni siquiera abriré la boca. No vaya a resultar que te cateen por *mi* culpa.

—Vamos, no te lo tomes tan a pecho.

Después de sentarse a la mesa de la cocina, Ken empezó a repartir ante sí sus libros y cuadernos.

Sara pasó al cuarto del niño para comprobar si todo estaba en orden. Luke estaba acurrucado en un rincón de su cuna, chupándose el pulgar. Entreabrió los ojos y, al ver a Sara, le dedicó una sonrisa soñolienta. Ella le acostó y luego salió de la habitación.

Con el libro de Matemáticas abierto sobre la mesa, Sara intentó estudiar, pero no conseguía concentrarse en lo que hacía. Ella y Ken aún no habían discutido los acontecimientos de aquella noche en la playa, por lo que flotaban en el aire, entre ellos, muchas preguntas pendientes de contestación. A ella le parecía que el compromiso contraído entre ambos por lo que hicieron era tremendo, y necesitaba algún signo exterior, alguna manifestación por parte de él, para persuadirse de que sentía lo mismo. Para ella había sido la primera experiencia sexual, y estaba al mismo tiempo confusa y satisfecha. Todo había ocurrido muy de prisa, y resultó muy diferente de lo que ella imaginaba. Era algo que daba tanto miedo como placer.

—¿Ken? —le llamó con timidez, mientras alargaba la mano para rozar la del muchacho.

Él alzó la vista, algo molesto por la distracción, y luego volvió a enfrascarse en sus libros. Ella insistió:

—La otra noche, en la playa...

—¿Sí? —preguntó él, sin mirar.

—Para mí fue algo especial —dijo ella, brillándole los ojos al recordar aquellos instantes.

—Para mí también —dijo él cariñosamente.

—Quiero decir que yo nunca..., *nunca,* ¿me entiendes?

Él sonrió, ahora con franqueza.

—Yo tampoco.

—Eso es lo que yo pensaba.

Sara sonrió a su vez, sin proponérselo. Él había vuelto a sus libros y apuntes. Transcurrieron varios minutos en silencio, pero luego Sara ya no pudo contenerse más.

—Entonces, ¿por qué no...? —se interrumpió, presa de repentina timidez—. Ya sabes... ¿Por qué no somos novios?

—Pues porque no lo somos.

—Eso digo yo, ¿por qué?

—Creo que eso debe pedírselo el chico a la chica, y no al revés.

Herida por aquella negativa, Sara se dejó caer en su asiento, con las manos en el regazo. Nervioso, Ken retornó a sus libros como si quisiera ignorar su presencia. Pero ella no se daba por satisfecha con sus respuestas, y experimentaba la necesidad de continuar la discusión.

—No he vuelto a beber desde esa fiesta en la playa —explicó, orgullosa.

—Muy bien —replicó Ken con sequedad.

Frustrada al observar el desinterés, Sara se puso en pie de un salto que desparramó sus papeles por el suelo.

—¿Muy bien? ¿Es eso todo lo que se te ocurre?

—Tú dijiste que no eras una alcohólica empedernida —respondió en tono tranquilo—. Te creo.

—¿Por qué no me has telefoneado hasta ayer por la noche? —insistió, sentándose para recobrar la compostura y mirándole fijamente.

Él se impacientó ante aquel interrogatorio formulado con voz insistente, cargada de exigencias.

—Mira, Sara: si no saco un notable en Química, como mínimo, puedo empezar a despedirme de mis estudios de Veterinaria. Conque dejemos correr lo demás y estudiemos, ¿quieres?

Cada vez más molesta y contrariada por su falta de atención, Sara se quedó quieta en su silla, mordiéndose las uñas con nerviosismo mientras el silencio le pesaba cada vez más. No ignoraba que, si decía una sola palabra más, él acabaría perdiendo la paciencia. Pero no podía seguir callada; no podía guardarse por más tiempo las palabras que hervían dentro de ella.

—Te quiero, Ken —balbució.

Esta declaración conmovió a Ken, aunque no porque sintiera lo mismo que ella, pues en realidad no estaba muy seguro de lo que sentía. A decir verdad, aún no se había detenido a pensarlo. Lo que a él le impresionó fue la desesperación, la soledad, el acento patético de la voz de Sara.

La miró sin comprender.

—¿Me quieres tú a mí? Dime, ¿me quieres? —repitió Sara.

—¿No te parece que ésas son palabras mayores? Al fin y al cabo, hace pocas semanas que nos conocemos.

Pero esta objeción no convenció a Sara.

—Eso no tiene importancia, cuando el sentimiento es de verdad.

—Prefiero que dejemos las cosas tal como están. De momento todo va bien. ¿A qué tanta prisa? —objetó Ken.

Furiosa, Sara replicó en tono cortante:

—¡Tú sólo quieres a esa estúpida yegua tuya, eso está bien claro!

Clavó los dedos en el tablero de la mesa, con el rostro muy rojo, perdido el dominio de sí misma.

—Eso es una necedad... Daisy es un animal, no una persona.

Ella se puso en pie con brusquedad, echando hacia atrás la silla, e hizo ademán de salir corriendo de la habitación.

—Si tú consideras que soy necia, ¡lo siento!

Haciendo acopio de paciencia, Ken se levantó a su vez y se acercó a ella, tomándola de los hombros. Al hacerlo pudo notar que estaba tensa y reprimida, como si estuviera a punto de estallar.

—Tú me gustas, Sara —hizo una pausa y suspiró, advirtiendo el compromiso que asumía con esta confesión—. Me gustas mucho, tal vez más que ninguna otra chica. Pero eso no significa que...

Sara se volvió de pronto, rechazando sus manos.

—¿Otra chica? ¿Qué significa eso? —preguntó con aire acusador.

—Ya lo sabes...

—Yo no sé nada. ¿Has estado saliendo con otras chicas?

—Pues... sí, claro. Alguna que otra vez.

Ella le tenía acorralado, y empezaba a ceder bajo el sostenido interrogatorio.

—¿Por qué? —continuó ella, sintiéndose traicionada—. Yo no he salido con ningún chico.

—Entre nosotros nunca ha habido compromiso en ese sentido.

—¿Con quién? —exigió, hablando casi a gritos—. ¿Con Marsha? ¿Has salido con ella?

—¡Eh! —la interrumpió Ken con voz cortante—. Eso sí que no lo aguanto.

Respirando ruidosamente, con el rostro encendido y fiera la mirada, Sara estaba al borde de la histeria.

—¡No, si debía figurármelo! ¡Debí comprender que tú sólo me querías para...! —se le quebró la voz en un sollozo—. ¡Para abusar de mí!

Sara se volvió de espaldas a Ken y trató de contener el torrente de lágrimas. De súbito vio, con sobresalto, que el niño estaba en la habitación y contemplaba en silencio aquella disputa.

—¡Mira lo que has conseguido! —acusó Sara.

Sollozando aún, tomó en brazos al niño, que estaba a punto de prorrumpir en llanto a su vez.

—Creo que será mejor que me vaya —dijo Ken con aire sombrío.

—Me parece una idea estupenda —replicó ella mientras se llevaba el niño al salón—. ¡Anda, vete a contarle a todo el mundo lo idiota que he sido!

Luego le volvió la espalda con desdén, mientras se decía a sí misma que no le importaba, que no le necesitaba para nada...

Al oír el portazo, el rostro de Sara se desfiguró en una mueca de dolor, y corrió hacia la puerta.

—¡Kenny! No lo he dicho en serio —gritó en vano—. ¡Vuelve, Kenny!

Oyó el motor del coche al arrancar y le pareció que se le venían las paredes encima, que las luces giraban a su alrededor. Se apoyó en la pared para no caer. El niño que sostenía con el otro brazo notó instintivamente su angustia y se echó a llorar.

—Y ¿qué puedo hacer yo ahora? —dijo Sara como si se dirigiese al bebé—. Bueno, bueno, ya voy a buscar tu biberón.

Sin soltar a Luke, entró en la cocina y se puso a registrar la nevera, hasta que encontró la leche del niño. Fue entonces cuando vio la botella de vino. Tomó el biberón y cerró la puerta de la nevera, pero la imagen de la botella, sin descorchar todavía, no se borraba ya de su mente.

Llevó el niño a su habitación y le dio el biberón, que él aceptó con regocijo. No se apartó de su lado mientras lo sorbía; luego, cuando el crío quedó satisfecho, le retiró el biberón y lo acostó en la cuna. Cuando aquél se durmió, que fue casi en seguida, Sara salió del cuarto. Entró luego en el estudio y trató de marcar el número del teléfono de su padre. Estaba temblando, exhausta, emocionalmente agotada. Necesitaba oír la voz de su padre, recibir sus palabras de ánimo y consuelo.

Era lo único que le importaba en el mundo. Abandonada por su madre, y ahora por Ken, era su padre lo único que le quedaba.

—¡Por favor...! —suplicó a la telefonista—. Inténtelo otra vez. Debo hablar con él.

El teléfono sonó largo rato mientras ella sujetaba el auricular con desesperación, meciéndolo como si se tratase de una criatura. Luego, muy despacio, sufriendo de manera indecible, colgó.

—Papá..., papá... —susurró entre lágrimas, mientras se dirigía a la cocina, víctima de aquella atracción invencible.

LOS TYLER REGRESARON A CASA hacia la una de la madrugada. Fred Tyler se encaminó hacia la puerta mientras rebuscaba en sus bolsillos. Luego se volvió hacia su mujer, consternado.

—¡Caramba! He olvidado las llaves. ¿Llevas tú las tuyas?

Ella meneó la cabeza. Tocaron el timbre en una llamada breve para no despertar a su hijo, y aguardaron. Nadie salió a abrir. Fred volvió a llamar, largo rato esta vez. Tampoco obtuvo respuesta. Entonces volvió a pulsar el timbre, aporreando al mismo tiempo la puerta con el puño. Su mujer permanecía al lado, paralizada de miedo. Desde el interior de la casa les llegó el llanto de su hijo.

Sin vacilar un segundo, Fred rodeó la casa corriendo y se dirigió a la puerta ventana de su estudio. De un codazo rompió el vidrio, y luego metió la mano para girar el picaporte interior.

Sara estaba tumbada en el suelo, hecha un ovillo. La

botella de vino vacía fue lo segundo que apareció ante los ojos de los espantados e irritados padres. La señora Tyler se precipitó hacia el cuarto del niño, que lanzaba gemidos entrecortados como si llevase horas llorando sin que nadie le atendiera.

—¿Sara?

Fred la sacudió sin demasiadas contemplaciones.

—Anda, levántate de una vez.

Ella entreabrió apenas un ojo, aturdida, y lo cerró en seguida. La habitación parecía dar vueltas a su alrededor. No sabía quién era ella, ni dónde estaba, ni quién era aquel desconocido que le tiraba de los brazos.

—Vamos ya, «prenda» —la obligó a levantarse y se la cargó a la espalda—. Voy a llevarte a tu casa.

Consiguió meter el cuerpo inerte en su automóvil, furioso, y la condujo a casa. Al llegar frente a la vivienda de los Hodges hizo alto con estrepitoso chirriar de frenos y echó a correr hacia la entrada como si se hubiera propuesto derribar la puerta. Cuando llegó se encontró con Matt en el umbral.

—Tranquilízate, hombre. ¿Qué ha pasado?

—Tu hijastra —dijo Fred apuntando hacia el automóvil—. Está borracha perdida. Sácala de mi coche ahora mismo.

Matt corrió escaleras abajo y palideció al ver a Sara, con las ropas en desorden, desmayada sobre el asiento delantero.

—¿Cómo ha ocurrido esto? —le preguntó a Tyler mientras sacaba a su hijastra del coche y la metía en casa.

—Ésta es la última vez que pone el pie en mi casa. La encontré borracha en el suelo, mientras mi niño se rompía los pulmones gritando quién sabe durante cuántas horas. Más vale que vigiles a esa chica, Hodges, o te creará muchos problemas.

La obligaron a mantenerse erguida en el sofá; Jean le lavó la cara con agua fría e intentó hacerle beber café fuerte. Sara tosió y lo escupió todo. Por último, al cabo de diez minutos de esfuerzo, consiguieron que volviera en sí, o al menos que pudiera sentarse sin ayuda.

Jean estaba furiosa.

—Suerte has tenido de que a Fred Tyler no se le ocurriese llamar a la policía, ¿te enteras? ¡Dios mío! Esto va a saberse en todo el barrio mañana mismo. ¡Y también en la oficina de Matt!

Cogió de los hombros a su hija y la sacudió con fuerza.

—Pero dime, ¿en qué estabas pensando cuando se te ocurrió cometer una fechoría tan estúpida?

Avergonzada, Sara trató de librarse de las garras de su madre, pero entonces Jean le tomó la cara con ambas manos, insistiendo:

—¡Contesta! ¿O acaso no tienes nada que decir?

Sara contempló con tristeza el rostro enfurecido de su madre, y murmuró:

—Me parece que voy a ponerme enferma.

Jean empujó a un lado la cabeza de su hija, con gesto despectivo. Luego anduvo hasta el extremo opuesto de la habitación y se volvió para decir con rabia:

—¡Muy bien! Espero que la resaca sea tan fuerte que hayas de quedarte una semana en cama —su voz sonaba tensa y aguda—. Puede que así te lo pienses dos veces cuando se te ocurra emborracharte.

Sara intentó levantarse para ir al baño, pero Jean la obligó a sentarse de nuevo en el sofá, de un empujón.

—¡No te muevas! —rugió—. ¿Se emborrachó *él* también?

—¿Quién? —preguntó débilmente Sara.

—Tú ya sabes quién. Ese tipejo, Ken. Y más te vale que no intentes hacerme creer que no le has visto, pues me consta lo contrario.

Las palabras de Jean implicaban que poseía una prueba irrefutable.

—¿Te lo ha dicho Nancy...?

Aturdida, comprendiendo la traición de su hermana, Sara se echó a llorar.

—¡Prometió que no te lo diría...!

—A ti no te importa quién me lo dijo. En todo caso, fue por tu bien.

Matt, que había asistido en silencio a la escena, se adelantó entonces para intervenir, y habló con calma:

—Ya te lo dije la semana pasada, Jean. Te dije lo que debíamos hacer. ¿Estarás de acuerdo conmigo ahora?

Jean asintió, echando a Sara una ojeada hostil.

Matt se acercó al listín telefónico y empezó a hojearlo. Cuando Sara reparó en lo que estaba haciendo, se puso en pie de un salto, aterrorizada. Pero no podía hacer nada contra la voluntad de ambos, puestos de acuerdo.

—¿Qué? ¿Qué es lo que debéis hacer? ¿A quién vas a llamar?

—A los padres de ese muchacho —respondió Matt con una severidad que Sara no le conocía.

—Matt va a decirles que vigilen los pasos de su hijo para que no vuelva a acercarse a ti. Les dirá que se ha dedicado a emborracharte, y Dios sabe qué otras cosas habrá hecho.

—¡No lo hagáis! —suplicó Sara llena de humillación y vergüenza—. No llames. Ken no tiene nada que ver con mi hábito de la bebida.

Si sus mayores llamaban para enfrentarse con él, todo habría terminado. Se consideraba capaz de soportar la ira de ellos, pero no la de Ken. Al menos, si no hubieran discutido de aquella manera, ella habría podido ofrecerle explicaciones, ponerle sobre aviso. Volvió la mirada hacia su madre, con expresión triste y arrepentida.

—No trates de protegerle, Sara; no servirá de nada —dijo Jean mientras se acercaba al teléfono para urgir a Matt, no fuese a desistir de su propósito.

Había llegado para Sara la hora de la verdad; le era preciso confesarlo todo, admitir con franqueza, sin ocultar ningún detalle, todo lo que había callado durante casi dos años. No se veía con fuerzas para hacerlo, pero no le quedaba otro remedio; le importaba demasiado lo que estaba en juego, según cuál fuese su decisión.

Sentada en el sofá, emitió un hondo suspiro y luego empezó:

—¿Os acordáis de aquella celebración de Nochebuena en que me puse tan enferma, y de cómo el médico dijo que debía de tratarse de un trastorno estomacal?

Miraba de hito en hito a Matt y Jean. A éstos les sorprendió la súbita calma de su voz; parecía evidente que hablaba con sinceridad. Matt dejó caer la mano que sostenía el receptor, y Jean se quedó mirando a Sara con la boca abierta.

—¿Y el día que despediste a Margaret por beberse el whisky? ¿Quién creéis que se lo bebía realmente?

Miró alternativamente a su madre y a su padrastro, y continuó:

—Oye bien lo que voy a decirte, mamá. He estado bebiendo desde hace casi dos años, y casi todos los días. Os he hurtado el alcohol que teníais en casa. Lo he robado de las licorerías y almacenes. Lo he comprado con dinero que sacaba de tu bolso. Creo que sería capaz de beber alcohol de farmacia si no pudiera conseguir otra cosa.

Dicho esto siguió sentada, en silencio. La borrachera parecía haberse evaporado. Estaba expuesta a las miradas de aquellos dos adultos, sobria, débil, como desnuda de alma.

—Mientes —dijo Jean.

Era evidente que la verdad le parecía demasiado monstruosa para creerla. Sara meneó la cabeza, y luego la inclinó con pesar.

—¿Por qué? —inquirió su madre, destrozada.

—No lo sé..., la verdad, no lo sé —dijo Sara—. No lo sé.

Mientras Jean, inmóvil y aturdida, iba asimilando la fría y dura verdad, Matt se acercó a Sara, la cogió en brazos cariñosamente y la llevó a su habitación.

10

EL DOCTOR MARVIN KITTREDGE, psiquiatra y especialista en los problemas de la edad juvenil, sobre todo en lo relativo al alcoholismo, iba a pronunciar una conferencia durante la próxima reunión de la Asociación de padres y maestros del colegio de Sara. Jean acudió, cediendo a insistencias de la señora Farrell, pero en parte también porque se sentía culpable. Por consiguiente, no la empujó tanto un interés hacia Sara como un deseo de recobrar la propia tranquilidad de espíritu. Matt insistió también en que fuese, pues juzgaba que su esposa tenía el deber de hacer frente personalmente a la situación, en vez de recurrir a la mediación de terceras personas. En realidad, les avergonzaba y humillaba el comportamiento de su hija, y deseaban solucionar el problema con la mayor discreción.

La primera sorpresa para Jean, cuando llegó con unos quince minutos de retraso, fue comprobar que el auditorio estaba casi lleno de público. Ella se había cubierto con un pañuelo y llevaba gafas oscuras, en un ridículo intento por pasar desapercibida.

El doctor Kittredge era un caballero de aspecto distinguido y de mediana edad. Tenía facciones abruptas y cabello gris plateado, que llevaba un poco largo, sin duda para estar al día. Vestía traje azul oscuro de rayadillo, usaba gafas con montura de plata y fumaba en una pipa que ahora ostentaba apagada entre lo dientes. Su presencia en el estrado resultaba impresionante, aun sin ser hombre de mucha estatura.

Jean halló un asiento libre en el rincón más alejado del auditorio, lejos de los demás asistentes. Se proponía salir con el mismo disimulo con que había entrado.

El presidente de la Asociación de padres y maestros hizo la presentación del doctor Kittredge a los oyentes allí reunidos. Jean se consoló diciéndose que, al fin y al cabo, no estaba sola allí; incluso pudo reconocer a la señora Peterson y a otras vecinas suyas entre el público.

El doctor Kittredge ocupó su pupitre de conferenciante entre una salva de aplausos. Carraspeó para aclararse la garganta y empezó en tono muy serio:

—Hoy día, en nuestro país, hay aproximadamente medio millón de alcohólicos en edad preadolescente y adolescente. Y ese número no tiende a disminuir, sino todo lo contrario.

Al oír este comienzo corrió un rumor entre el público. Algunos oyentes se volvían hacia sus vecinos con expresión de incredulidad.

El conferenciante prosiguió:

—Son niños..., niños de todas las edades, entre quienes no faltan los de nueve y diez años.

Agitó el índice con énfasis.

—Tres de cada cuatro adolescentes beben de vez en cuando. Uno de cada veinte sufre un serio problema de hábito. Uno de cada diez se convertirá en un alcohólico. Los arrestos de menores por faltas relacionadas con el alcoholismo han aumentado en un setecientos por ciento durante los últimos cuatro años. Un adulto puede necesitar hasta quince años para convertirse en un alcohólico. En el caso de un adolescente, se llega al mismo resultado en quince meses.

Jean se estremeció al considerar aquella idea. ¿Sara una alcohólica? ¡Imposible! Sin embargo, ella había confesado que llevaba casi dos años bebiendo de manera habitual. Jean se puso en pie para salir; no deseaba otra cosa sino marcharse, pero las palabras de Kittredge ejercían sobre ella una sugestión hipnótica.

—La mayoría de ellos no presentan nunca los síntomas conocidos..., amnesia prolongada..., delirium tremens... o episodios de psicosis. Tampoco es corriente encontrarlos durmiendo en un portal de los barrios bajos.

Hundida en su asiento, a Jean le pareció sentir sobre sí cientos de miradas acusadoras, que la condenaban sin apelación.

—Se les encuentra en las escuelas, en los estadios de fútbol, en las playas. Y con espantosa regularidad se les encuentra deshechos..., accidentados..., en las carreteras y autopistas de nuestro país.

Al llegar a este punto hizo una pausa para dar lumbre a su pipa. Luego le dio un par de chupadas y continuó:

—A veces, podrían encontrarlos ustedes precisamente en ese lugar donde menos gusta mirar...

Paseó la mirada por el auditorio. Sus oyentes le

contemplaban con expresiones ingenuas, como niños.

—¡En las propias casas de cada uno de ustedes!

Jean echó mano a su bolso y su abrigo, y salió con disimulo del auditorio. Se hallaba débil y mareada, como si le hubiera faltado el aire. Necesitaba alejarse de aquella voz fría, tranquila, convincente, que era la voz de la razón.

—NO TIENE USTED MUCHA FE en los psiquiatras, ¿verdad, señora Hodges? —preguntó el doctor Kittredge sin darle demasiado importancia.

—Pues yo..., en realidad...

Jean estaba sentada enfrente de su escritorio. Tenía el rostro demacrado como consecuencia de muchas noches pasadas sin dormir, y parecía nerviosa y distraída. A su lado se acurrucaba Sara, partícipe involuntaria en aquella conversación. Jean había empezado a inquietarse desde el día que asistió a la conferencia del doctor Kittredge. Aquella noche, cuando Matt llegó a casa, ella tomó partido con energía por buscar consejo profesional en lo relativo a Sara. Telefoneó a la señora Farrell, quien le dio las señas del doctor y gestionó una entrevista para el día siguiente.

—No tiene nada de particular —dijo, sonriente—. Algunas veces, yo mismo tengo mis dudas, no crea. ¿Cuál es el motivo de su consulta?

Jean se irguió en su asiento y le miró de frente.

—La directora adjunta de la escuela pensó que tal vez pasaba algo... anormal con Sara, y el otro día oí la conferencia que pronunció usted en la reunión de los padres y maestros. Me pareció que usted conocía bien... esa clase de problemas. No me importa admitir que ahora..., que Sara padece alguna clase... de... problema de comportamiento.

El doctor Kittredge habló con voz severa:

—Sí, ya he hablado con la señora Farrell acerca de este asunto. Su hija le ha confesado que bebe casi cada día desde hace dos años, ¿y usted llama a eso un problema de comportamiento?

Rebelándose ante la descarnada franqueza de estas palabras, Jean replicó airadamente:

—No es como si la hubieran sacado de alguna taberna de los bajos fondos, ¿sabe? Sólo tiene quince años. ¿No querrá hacerme creer que es una alcohólica, o algo semejante?

—No me corresponde a mí el formular ese diagnóstico —contestó Kittredge sin alterarse.

A esto Sara le dirigió una rápida ojeada, pero en seguida volvió a bajar la mirada. Kittredge comprendió que había logrado establecer un primer contacto con ella.

—A mí me parece —continuó— que si una muchacha de quince años bebe cada día, debe de tener muchas cosas que decir y que nadie ha querido escuchar. Más vale que alguien se ponga a escuchar de una vez.

—Créame, doctor, que he procurado escucharla —dijo Jean con sinceridad.

—Sí, pero, ¿se ha enterado de algo? —siguió el doctor Kittredge sin abandonar su tono mesurado y profesional—. En los jóvenes, el problema de la bebida se desarrolla por las mismas razones que en los adultos. Beben cuando están tristes, solos o asustados. El alcohol les ayuda a vivir..., a enfrentarse a la sociedad..., a ir tirando mientras pasa el día... ¿Digo la verdad, Sara?

Se volvió hacia ella con atención, pero Sara bajó la cabeza, cada vez más encogida en su silla.

—Este sistema funciona durante algún tiempo. Pero luego deja de funcionar. Porque el alcohol es una droga insidiosa, traicionera. Lo que da con una mano, con la otra lo quita.

Hablando suavemente, pero con énfasis, Kittredge dirigía sus palabras, en realidad, a Sara.

—Y tarde o temprano, ¿sabes?..., te matará. Puede que no sea tan rápido como un tiro, pero desde luego lo hará mucho antes de que llegues a vieja. Y, para la vida que te espera, sería preferible la muerte.

Sara oía sus palabras, pero no quería darse por enterada. Permanecía con la cabeza baja y los brazos cruzados sobre el pecho. Jean tenía una expresión preocupada y miraba tan pronto a su hija como al doctor Kittredge.

—¿Qué podríamos hacer? —preguntó en voz baja.

Kittredge echó hacia atrás su poltrona y contempló unos momentos a Jean.

—Lo primero sería llamar al padre de Sara. Entre los cuatro trataríamos de estudiar este asunto.

Al oír que hablaban de su padre, Sara reaccionó con un sobresalto, y miró a su madre con intensa atención, pendiente de su respuesta.

—No estoy segura de poder traerle aquí.

—Inténtelo —replicó Kittredge—. Es muy importante. Pero hay otra cosa importante que debe hacer Sara... y sólo ella.

—Lo hará —afirmó Jean, tajante.

Pero Kittredge ignoró esta observación, volviéndose hacia Sara.

—Para que todo esto sirva de algo, Sara, es completamente imprescindible que dejes la bebida. De lo contrario, ésta sería como una pared alzada entre nosotros.

—No volverá a probar ni una gota de alcohol, doctor —intervino Jean—. Yo me encargaré de eso.

—No; usted no, señora Hodges. Ha de ser Sara.

Le hablaba a Jean despacio y en voz baja y clara, como si fuese una niña.

—¿Y usted? —preguntó Jean, molesta por aquellos modales imperturbables—. ¿En qué consistirá su ayuda? ¿Es que no va a hacer nada?

—Desde luego que sí —la tranquilizó él—. Pero el primer paso debe darlo Sara. Ahora bien, estoy seguro de que ambas han oído hablar de los Alcohólicos Anónimos.

Se interrumpió, disponiéndoe a hacer frente al exabrupto de Jean.

—¡Ah, no! —dijo ésta con obstinación—. Por ahí sí que no pasaré.

—Así pues, ¿conoce usted los A. A.?

—¡Cómo no! —exclamó Jean, incómoda, manoseando su bolso e irguiéndose aún más—. Un montón de viejos borrachines sacados del arroyo. Si asiste a esas reuniones, mi hija aprenderá cuanto le faltaba saber acerca de la bebida.

—Yo que usted no me preocuparía por eso —trató de apaciguarla Kittredge—. Por desgracia, en nuestro país el whisky no es cosa desconocida para nadie. Cada vez que usted y su esposo se reúnen para la tradicional copa de las cinco de la tarde, es como si le dieran permiso a Sara para beber.

Jean, furiosa, estaba a punto de levantarse de su silla, mientras lanzaba ojeadas iracundas al doctor.

—Lo siento, doctor, pero no voy a caer en eso de

que toda la culpa sea mía. En realidad, ni siquiera sé si he obrado bien viniendo aquí. Quiero decir que le traigo una niña con problemas emocionales, y usted intenta convencerme de que tratamos con una especie de vagabunda.

Dicho esto, Jean se puso en pie con aire de ir a salir, pero Kittredge siguió remachando su argumentación.

—Y usted, en lugar de admitir que tiene un problema con la bebida, prefiere creer que está loca..., y quiere presentármela como una especie de caso psiquiátrico. No debería causarle vergüenza el confesar la verdad.

Jean hizo caso omiso de esta última afirmación y tocó el hombro de Sara con un ademán.

—Creo que debemos irnos.

—Pues yo creo que ya va siendo hora de que Sara decida por sí misma —soltó el doctor.

Lo dijo con sequedad; fue la primera vez que se alteró el tono de su voz durante aquella discusión. Luego, dirigiéndose a Sara, agregó con amabilidad:

—Me gustaría hablar contigo unos minutos, a solas. ¿Tienes inconveniente?

Confundida por la intensidad de la discusión, Sara se irguió en la silla. Había permanecido como mera observadora en un asunto que podía ser decisivo para su porvenir, para toda su vida. Titubeó unos instantes. Kittredge y Jean esperaron, expectantes, su respuesta.

—Me quedo.

Jean hizo un gesto afirmativo con la cabeza, admitiendo su derrota.

—Esperaré fuera.

Después de salir Jean, hubo un largo silencio. Moviéndose despacio para no espantar a Sara, el doctor Kittredge se puso en pie y rodeó su escritorio para sentarse en un ángulo del mismo, cerca de Sara.

—¿Bien?

—Bien, ¿qué?

—¿Tú crees que eres una alcohólica? —preguntó con aparente ingenuidad Kittredge.

—¡No, no! No lo soy —se apresuró a responder Sara.

—De acuerdo.

Alejándose del escritorio, se dirigió a una mesita donde tenía las pipas y el tabaco, y empezó a cargar una pipa de brezo. Apretó el tabaco con el pulgar, pensativo, sin dejar de contemplar a Sara.

—¿Me cree usted? —dijo ella después de un intervalo de algunos segundos.

—En realidad, no importa lo que *yo* crea. *Tú* misma has de conocerte, has de saber lo que eres o dejas de ser.

—Siendo así, creo que no volveré por aquí —decidió ella en tono definitivo.

Kittredge arqueó una de sus canosas cejas.

—Como tú quieras.

Sara echó la silla hacia atrás y se encaminó hacia la puerta. No sabía cómo interpretar el estilo imparcial, no autoritario, del doctor Kittredge. Después de un titubeo se volvió, insegura.

—Si yo fuese una... —empezó dócilmente, pero sin atreverse a decir la palabra—. Quiero decir que no lo soy..., pero si lo fuese, ¿cómo podría yo saberlo?

Kittredge reflexionó unos instantes antes de contestar. Era preciso hablar de la manera más exacta y descriptiva que estuviese a su alcance. Se estaban acercando a un momento crítico de la discusión, y había que convencerla sin atemorizarla.

—Cuando lo eres, es como si hubieras cruzado una especie de línea imaginaria. Empiezas a hacer cosas que te perjudican a ti misma, y a las personas que te rodean. Cuando reparas en ello..., entonces ya lo sabes.

—Bien, pues yo no he hecho nada de eso —replicó ella con firmeza—. Además, puedo dejar la bebida tan pronto como me lo proponga.

—¿Has experimentado alguna vez los temblores? ¿Y el sudor frío? ¿Te has sentido alguna vez como si no fueses capaz de levantarte de la cama y enfrentarte a la jornada sin echarte antes un traguito entre pecho y espalda? Tú ya me entiendes..., lo que se dice un trago sólo para entrar en calor.

Ella cerró los oídos y el entendimiento a aquel aluvión de palabras. Meneó la cabeza y trató de evitar la mirada directa de sus ojos interrogantes.

—Dime, ¿has bebido hoy, antes de venir a verme?

Indecisa entre confesar la verdad o mentir, Sara vaciló unos instantes y luego, casi a regañadientes, asintió firmemente. Kittredge regresó a su escritorio y escribió unas señas en una tarjeta, que le tendió luego.

—¿Querrás demostrarme que eres capaz de dejar la bebida? Desde ahora mismo. De verdad. ¿Me prometes que no tomarás ni una gota?

Ella sostuvo su mirada, mientras trataba de dominar el terrible temblor que se apoderaba de ella. Sí, sería buena cosa, muy buena cosa, librarse de aquel maldito temblor de una vez por todas.

11

Había estado bebiendo; la botella de vino vacía aparecía tumbada sobre la cama. Algunas gotas restantes manchaban la sábana. Matt y Jean habían salido a cenar con unos amigos, dejando en la nevera un poco de carne sobrante del mediodía que Sara no se animó a comer. Cuando salieron, ella se quedó sentada a oscuras en su habitación, escuchando la radio y procurando quitarse de la mente el deseo de beber. Sacó del bolsillo trasero de sus pantalones tejanos la tarjeta, toda arrugada. Aquella tarde, en la escuela, se la había enseñado a Ken.

—Y el matasanos me dio esta tarjeta —dijo, después de relatarle su vista al consultorio del doctor Kittredge—. Quería que fuese a una de esas ordinarias reuniones de viejos Alcohólicos Anónimos.

—Para serte franco, no me parece que sea tan mala idea.

—¡Vaya, hombre! Por lo visto estoy rodeada de traidores —dijo, haciendo pucheros.

Ken intentó razonar con ella.

—Si no eres una alcohólica, ¿por qué tienes miedo de ir a esa reunión?

—¿Por qué he de ir? ¿Sólo por hacerle caso?

—Y ¿qué te parecería si me hicieras caso a mí? —replicó mientras se volvía para marcharse, con una mueca de disgusto.

Enfadada con Ken, Sara arrugó la tarjeta y la tiró al suelo. Pero luego cambió de opinión, y después de mirar con cautela alrededor, por si la veía alguien, se agachó con rapidez y la recogió, metiéndosela en el bolsillo.

Ahora, a solas y bastante ebria, sacó la tarjeta y empezó a considerar si asistiría a la reunión. Ésta iba a celebrarse en el salón de la casa rectoral de una iglesia vecina, no lejos de su casa. Si cogía la bicicleta podría plantarse allí en menos de veinte minutos.

Se dirigió al cuarto de baño para lavarse la cara con agua fría, y se cepilló el cabello. Al contemplar su imagen en el espejo se dijo:

—¡Yo no soy lo que ellos dicen!

En verdad estaba un poco ojerosa, pero tenía color en la cara y presentaba un aspecto saludable. Allí en el despacho de Kittredge, la idea de abandonar la bebida parecía interesante; pero al fin y al cabo, se dijo, nada le impedía dejarlo tan pronto como se lo propusiera. Decidida a no probar ni una gota más aquella noche, consideró que ello sería una buena prueba de su fuerza de voluntad. Deseaba demostrarle a Ken, y más aún demostrarse a sí misma, que no era ninguna alcohólica.

Alcohólica. La palabra misma tenía un sonido raro. Era muy diferente de ser adicta a las drogas. Ella estaba segura de que nunca llegaría a ser esto último; la mera idea de clavarse una aguja en el brazo le causaba repugnancia. Pero, ¿y si había cogido el hábito de la bebida? Le habría gustado saber si resultaba muy difícil deshabituarse. Pero no podía creerlo. Ella no era una alcohólica. No se parecía en nada a esos vagabundos que van haciendo eses por las calles y hablando consigo mismos, y que luego pasan la noche tumbados en un portal. Lo único que ella hacía era beber un sorbo de vez en cuando, para apaciguar sus nervios. Eso era todo.

Continuó debatiendo consigo misma si ir o no a la reunión de los A. A. Si lo hiciera, ¿no sería un síntoma, precisamente, de que ella era una alcohólica? Aunque no sería lo mismo si fuese *sólo* para curiosear, sólo para ver cómo eran los verdaderos alcohólicos y así decidir de una vez por todas si ella debía contarse entre esa clase de personas o no. No tendría que quedarse hasta el final, ni tampoco dar su nombre y apellido. Se quedaría en algún rincón alejado; ni siquiera advertirían su presencia.

Un poco alegre todavía por el efecto del vino, se encaminó al cobertizo y sacó la bicicleta. Montó, con no mucha seguridad, y echó a pedalear hacia las señas que había leído en la tarjeta. Eran casi las nueve de la noche, y en la tarjeta ponía que la reunión empezaba a las ocho. Iba a llegar un poco tarde, pero más valía así. Eso le permitiría pasar desapercibida.

Cuando llegó cerca de la iglesia vio que había luz en la casa rectoral. Se oía rumor de voces y arrastrar de sillas. Sara se detuvo ante la puerta, bastante indecisa y algo mareada todavía. Dentro se oía un bullicio considerable, como si hubiera comenzado una pausa y la gente estuviera abandonando sus asientos.

«¡Qué diablos! —se dijo—. Ya que me he tomado la molestia de venir hasta aquí, vale más que entre y vea en qué consisten esas famosas reuniones. Así tendré algo que contarle a Ken cuando le vea.»

Cuando entró en el salón, el espectáculo que se presentó a sus ojos la dejó boquiabierta. Parecía una de las fiestas de «paso del Ecuador» de su Instituto. Muchos de los asistentes eran jóvenes de la misma edad que ella, aunque en realidad había gente de todas las edades. Reían y charlaban como si aquello fuese una fiesta. La única diferencia era que allí no llevaban vasos con combinados en las manos.

Un chico bajito y delgado, de simpática sonrisa, se acercó a Sara. Ésta se vio en la imposibilidad de calcular qué edad tendría el muchacho. Aunque era bajo de estatura, su rostro aparentaba una madurez muy superior a los años que podían suponérsele.

—¡Hola! Me llamo Bobby.

Su voz atiplada traicionaba su extremada juventud.

—¿Tal vez me he equivocado de reunión?

—Si estás buscando la de los A. A., entonces has acertado.

—Creí que era un baile de estudiantes o algo parecido.

—Algo parecido —replicó el otro con cierto retintín—. ¿Cómo dijiste que te llamabas?

Sara se sorprendió ante el evidente desparpajo y soltura del muchacho. Parecía hallarse muy a sus anchas en aquella reunión de alcohólicos, como si hubiera estado allí muchas veces.

—Sara es mi nombre.

—Pues bienvenida, Sara. Espera, que voy a presentarte a uno de esos grupos.

Cruzaron el salón hacia uno de los corros, que les recibió con un aluvión de amistosos «¡hola!» y «¿cómo estás?». A Sara le pareció increíble que todas aquellas personas tan felices pudieran tener un grave problema. A continuación se acercaron al puesto de refrescos, atendido por una muchacha de largo cabello negro y rostro jovial.

—¡No me digas que todos esos chicos y chicas...!

—Así es —la entendió Bobby a media frase—. Todos y cada uno de ellos. Carol, te presento a Sara. ¿Me harías el favor de procurarle algo para que se alimente? He de concentrar mis ideas para la presentación.

Sara contempló a Bobby con incredulidad mientras éste se alejaba.

—¡Vaya! ¡Qué tipo más espabilado!

—Sí que lo es —dijo Carol—. El curso que viene entra en el Instituto de grado medio, y eso que sólo tiene once años.

Hizo un gesto hacia los refrescos.

—¿Café o limonada?

—Limonada, por favor.

—¿Es la primera vez que vienes? —preguntó Carol mientras llenaba de limonada un vaso de papel.

—Pues sí. Y la última.

Carol le entregó a Sara el vaso y comentó, pensativa:

—Recuerdo el primer día que pasé por esa puerta. Me dije a mí misma: «Este sitio es una leprosería, y yo no soy ninguna leprosa».

Sara se quedó estupefacta ante la franqueza de la muchacha.

Carol se puso seria y continuó:

—La última vez que me emborraché, maté a un viejo. Le atropellé y le dejé tirado en la calle como un trapo. La verdad es que no era gran cosa aquel viejo, pero estoy segura de que sus nietos le echarán en falta. Su cara no se me despintará mientras viva.

Hizo una pausa, como si quisiera borrar aquel recuerdo penoso, y luego sonrió forzadamente.

Sara estaba un poco extrañada de aquella confesión.

—¡Eh! No hagas caso..., tú no eres una alcohólica. No necesitas preocuparte por cosas como ésa, puesto que no te remuerde la conciencia. Está a punto de terminar el descanso. Ahora viene lo más divertido de la reunión. Búscate una silla y quédate.

Los asistentes empezaron a ocupar las hileras de asientos, que daban frente a una especie de púlpito, el que sin duda usaba el sacerdote para predicar. El salón estaba un poco destartalado y polvoriento. Por lo visto había servido para incontables reuniones de todas clases y finalidades.

Sentado en primera fila, Bobby hizo un ademán a Sara para indicarle que se acercase. Ella titubeó, presa de sentimientos contradictorios, pero los ademanes del muchacho eran tan enérgicos que no supo negarse y fue a sentarse a su lado.

—¿Verdad que tú no eres uno de ellos? ¡Un muchacho como tú...! —exclamó Sara.

Bobby se limitó a sonreír con ironía, sin responder. Señaló hacia el púlpito, donde el director de la reunión llamaba al orden a los asistentes.

—Hoy celebramos un aniversario. Se conmemora un año de nueva vida y de sobriedad cumplido por... Bobby R.

Sara se quedó atónita cuando el diminuto muchacho que estaba a su lado se puso en pie, entre atronadores aplausos de la concurrencia. Mientras se encaminaba al estrado, los asistentes empezaron a cantar a coro *Cumpleaños Feliz*. Sara observó a una mujer que traía un pastel de cumpleaños con una sola vela. Venía de una puerta trasera del salón, y se acercó a Bobby con aire ceremonioso para hacerle entrega del pastel. El homenajeado aspiró hondo y apagó la vela de un soplo, fingiendo un terrible esfuerzo, lo cual le ganó risas estruendosas y un nuevo aplauso por parte del público.

Bobby subió al púlpito; su cabeza apenas asomaba sobre el antepecho del mismo. El director le ofreció una silla para que se encaramase a ella. Se hizo de pronto un silencio en el salón. Todas las miradas estaban fijas en Bobby.

—¡Hola! Me llamo Bobby R., y... soy un alcohólico.

Sara se irguió en el asiento y le contempló con atención. ¿Qué significaba aquel estúpido ritual que le obligaban a seguir?

—¡Hola, Bobby! —respondieron con alegría los reunidos.

—Deseo agradeceros a todos este pastel que me habéis regalado. Yo no habría podido merecerlo, a no ser por vuestra ayuda, vuestra paciencia y vuestra comprensión.

Sorprendida por su franqueza, Sara se volvió para pasar revista a las reacciones de los demás. Todos reían y alzaban la vista hacia Bobby, con cariño y amistad. Algunos asentían cordialmente para subrayar que estaban de acuerdo.

—Quiero daros las gracias por ese año, que ha sido

el más duro de mi vida. Y el mejor. Os doy las gracias por haberme devuelto a la existencia.

Sara creyó notar que brotaba del público una especie de calor espiritual. A decir verdad, se creería que aquellas personas se encontraban allí a sus anchas, pasando un buen rato.

—Puede que yo no tenga más de once años —dijo Bobby—, pero mi hígado cree que tengo sesenta. La gente nunca quiso darse por enterada de que yo era sólo un muchacho.

Los presentes se echaron a reír, pero Sara no opinaba que aquello tuviese gracia. Había captado una nota de profunda seriedad en la voz de Bobby.

Éste se puso serio, y entonces Sara pudo comprender por qué le había parecido representar más años de primera impresión.

—Debo confesaros que aprendí a beber casi al mismo tiempo que daba mis primeros pasos. Mis hermanos me daban vino barato, sólo para divertirse viendo y oyendo las tonterías que hacía el pequeño. Para cuando cumplí nueve años, solía ir al colegio con el termo lleno de leche mezclada con whisky. Y no era el único en hacer cosas semejantes, ni mucho menos. Algunos días más de la mitad de la clase andaba chiripi. Los celadores y los profesores no llegaron a saberlo jamás; estaban demasiado ocupados olfateando los lavabos, por si detectaban humo de marihuana.

Hizo una dramática pausa para añadir efecto a sus palabras. Sara le escuchaba absorta, con ferviente interés.

—¿Sabéis qué fue para mí lo más duro y lo más problemático, en todo este asunto de ser un borracho? La necesidad de mentir constantemente.

Un rumor recorrió el auditorio confirmando la veracidad de aquella aseveración. Sara no pudo evitar hacer una mueca.

—Es un vicio que obliga a mentir siempre a los mayores de uno, a los amigos, y a sí mismo.

Mientras prestaba atención, mirando el rostro de Bobby, Sara parecía hipnotizada por sus palabras. Éstas evocaban en ella experiencias que no le eran en absoluto desconocidas.

—Ya supondréis que ellos..., mis mayores..., no hacían demasiado caso. Al fin y al cabo, era divertido ver al pequeño dando vueltas por ahí, mendigando un sorbo de cerveza. Como cuando le hurté a tío Mike su combinado y me escondí en un armario para bebérmelo. Pero el día que me dirigí a ellos y les dije: «¡Eh, mamá, papá...! ¿A que no sabéis una cosa? Soy un alcohólico», entonces ya no les pareció tan divertido. La verdad es que...

Se interrumpió para mirar de frente a Sara, quien asintió animándole a continuar.

—Habrían preferido que yo fuese cualquier otra cosa..., un delincuente juvenil, o un comunista... No es que pretenda reprochárselo a ellos ahora. Ni siquiera me atrevía a confesármelo a mí mismo. Y de todos modos, ya no era problema teniendo en cuenta el punto al que había llegado.

De nuevo hizo una pausa, perdiendo su fingida compostura de adulto mientras rememoraba aquellos momentos terribles.

—Era problema mío. Y tuve que patalear y arrastrarme, y vomitar, hasta llegar a la conclusión de que debía enfrentarme a mi realidad. Fue necesario que perdiera muchos amigos, y que tuviera dificultades en el colegio, y que llegase a sentir repugnancia de mí mismo...

Su cuerpo menudo empezó a temblar de modo visible. Se detuvo para tomar un sorbo de agua.

—Así llegué a odiarme tanto, que por fin pude contemplarme en el espejo y decirme: «Admítelo de una vez, hombre. Eres un...»

Con la mirada buscó a Sara, pero el asiento de ésta se hallaba desocupado. En el último instante pudo reconocer la espalda de la muchacha, que se iba derecha a la salida. Pero algo, tal vez la pausa de Bobby, la hizo volverse y mirarle.

—«Un alcohólico. Y si no buscas pronto a alguien que te ayude, vas a morir».

La mano de Sara se apoyó en el pomo de la puerta, dispuesta a hacerlo girar para irse.

En ese momento Sara notó que alguien le tocaba el hombro, y al volverse vio que era Carol.

—¿Sara?

Ella hizo una mueca interrogante.

—Esperamos verte otra vez por aquí —dijo Carol en voz baja.

Sin responder, Sara abrió la puerta y corrió hacia su bicicleta. Montó con rapidez y pedaleó furiosamente, sin detenerse hasta que llegó a su casa, tratando de olvidar lo vivido durante las últimas horas. Pero el rostro infantil, y al mismo tiempo grave de Bobby, así como sus palabras dolorosamente sinceras, habían dejado ya su huella en ella.

12

LAS CORTINAS DEL DESPACHO del doctor Kittredge estaban corridas, pero se filtraba algo de luz vespertina a través de las rendijas. El zumbido de un acondicionador de aire prestaba un leve fondo sonoro, que sin embargo no contribuía a hacer más llevadero el embarazoso silencio que reinaba en el consultorio. Los contendientes se habían retirado a sus respectivos rincones neutrales, haciendo acopio de fuerzas para el próximo asalto.

El doctor Kittredge ocupaba un sillón de cuero negro y chupaba su pipa, pensativo. Sara y su madre estaban sentadas en el sofá. Y Jerry Travis, recién llegado de San Francisco, se hundía en otro sillón idéntico al del psiquiatra.

Formaban un círculo bastante reducido, a tal punto que casi se tocaban sus rodillas. Con la americana doblada sobre el respaldo del sillón, el cuello de la camisa desabrochado y la corbata floja, Jerry era el que parecía hallarse más a disgusto. Jean componía un gesto resignado, pero su rostro traicionaba la resolución de resistir a cualquier precio. Sara fruncía el ceño con expresión dura, apoyando la barbilla sobre los dos puños muy apretados, y no levantaba la mirada del suelo.

Reclinado en su sillón, Kittredge asumía el papel de observador imparcial y silencioso. Aguardó con paciencia a que alguien se decidiese a ser el primero en hablar.

—No me vengas con historias, Jerry —empezó Jean—. Tú te limitas a meterle cincuenta pavos en el monedero y te largas a San Francisco tan tranquilo. Pero los problemas quedan a tu espalda. A mí sola me toca enfrentarme a ellos.

Jerry miró a Kittredge, incómodo, pero el doctor no dio muestras de asentimiento ni de disconformidad. El primero se irguió entonces para asumir una postura de despreocupación.

—Se echa de ver que te has dado muy buena maña.

—Estarás convencido de que tú lo habrías hecho mejor.

—Pues sí, la verdad. Aún no he olvidado cómo procurabas predisponer a Nancy en contra de su padre. Ahí te saliste con la tuya.

Miró a Kittredge esperando su aprobación, pero éste se limitó a sacar bocanadas de humo de su pipa, en plan contemplativo. Jerry se volvió hacia Sara, pero ésta no dejaba de bajar la cabeza, avergonzada de tener que presenciar aquellas demostraciones de hostilidad entre sus progenitores.

—A Nancy no le hizo falta mi ayuda —dijo Jean con expresión de fatiga, como si muchas veces antes hubiera tenido que explicarle aquello mismo—. Tiene edad suficiente para recordar lo que era nuestra casa cuando estabas tú.

—Y ¿qué me dices de mi Sara? ¿La que tuve que dejarte mientras tú corrías a casarte con ese tipo, como se llame? La has hecho tan desgraciada, que ha echado mano a la botella antes de tener edad suficiente para dejar de jugar con su pepona.

Herida por esta última observación, Jean contraatacó:

—¡Ah, no! ¡Eso sí que no! No voy a dejar que me cargues con la responsabilidad por eso, Jerry. No fui yo quien le llenó la cabeza con esas fantasías absurdas de irse a pintar cuadros por los bosques de Oregón.

Jerry se pasó la mano por los negros y espesos cabellos, mientras sus ojos lanzaban chispas.

—¡Qué sabrás tú de fantasías o sueños de ninguna especie! Tu único sueño es tener a algún pobre infeliz bien agarrado, y hacerle sudar nueve horas al día para que tú puedas haraganear en bata hasta el anochecer.

—Conque sí, ¿eh? ¿Cómo sabes tú lo que yo hacía hasta el anochecer, si no parabas nunca en casa, ni te molestabas en averiguarlo, ni...?

Kittredge cambió de postura, haciendo correr el sillón con brusquedad. Jerry y Jean interrumpieron su disputa, sobresaltados por el súbito ruido.

—¿Qué, Sara? —dijo con su voz grave y tranquila, que formaba un extraño contraste con los agudos chillidos de la pareja al increparse—. ¿No tienes nada que decir acerca de todo esto?

Ella miró alternativamente a sus padres, que le devolvieron la mirada con aire patético, como si esperasen verse recompensados por su actuación. Aflojando los puños, unió las manos e hizo intención de hablar, aunque al principio no le salían las palabras de la garganta.

—Aquí esperamos tu voz y voto —continuó Kittredge—, que tendrán el mismo peso que los de otros. Así es como funciona la terapia familiar.

Sara le contempló con ansiedad, pero el nudo aún seguía en su garganta y no se atrevía a hablar.

—Bien, pues vamos a intentarlo de otra manera. ¿Qué les dirías a tus padres si pudieras lograr que te escuchasen aunque sólo fuese por una vez? Que te hicieran caso de verdad, quiero decir...

Ella permaneció muda. El doctor comprendió que deseaba hablar, pero no sabía cómo empezar.

Kittredge se volvió hacia Sara y apuntó, como si interpretase el papel de la niña:

—Mamá..., lo que deseo en realidad es...

Luego le hizo una seña con la cabeza, invitándola a proseguir. Ella empezó, no sin dificultad:

—Mamá..., lo que deseo en realidad es que tú y papá dejéis de reñir todo el tiempo. Desearía que os quisierais otra vez; me gustaría que volviéramos a estar juntos.

—Tú sabes que eso es imposible, querida —dijo Jean.

Pero Sara había recobrado ya la voz, y continuó con pasión:

—Pues entonces, desearía que me quisierais tal como soy..., y que dejéis de compararme siempre con Nancy o con cualquier otra persona que no sea yo.

Ella misma se sorprendió de tan penosa confesión.

Jean y Jerry inclinaron la cabeza, compartiendo la pena de su hija. Jean se secó los ojos con un pañuelo.

—Y papá... —volvió a apuntar Kittredge.

—¡Papá! —susurró Sara, dejando correr las lágrimas, contenidas a duras penas desde hacía largo rato—. ¡Papá, te quiero! Y quiero irme a vivir contigo ¡Ahora mismo!

Jerry se removió en su asiento, consciente de que todos tenían la mirada fija en él. En tal aprieto sacó a relucir su condición de vendedor y sonrió, queriendo congraciarse con todos.

—Vamos, pequeña..., ya sabes que eso tu madre no lo permitirá jamás.

—Sí lo haré.

—¿Lo harías?

—Voy a permitir que te la lleves —dijo Jean con tristeza, y luego agregó, volviéndose hacia el doctor Kittredge—: Es evidente que he fracasado con Sara. Creí que yo..., es decir, lo intenté.

—No me lo cuente a mí. Dígaselo a ella.

—Yo también te quiero, Sara.

Retorció el pañuelo entre las manos, mirando a Sara con infinita pena.

—He procurado quererte lo mejor que me ha sido posible. Pero ahora pienso que un cambio podría resultar beneficioso. Por eso... tienes mi permiso para irte a vivir con tu padre.

El corazón de Sara latió con fuerza, anticipándose a la respuesta de su padre, aunque otra parte de su ser simpatizaba con Jean.

El acondicionador de aire zumbó al fondo, y por último el doctor hizo otra vez de apuntador para Sara.

—¿Papá...?

Jerry carraspeó con nerviosismo para aclararse la garganta. Su mirada iba y venía entre su hija y Kittredge.

—Tú sabes, pequeña, cuánto me gustaría tenerte conmigo...

«No —pensó ella—. No es posible que esté diciendo eso. Mi papá no puede abandonarme ahora, cuando más le necesito...»

Jerry continuó, con la voz quebrada:

—Pero yo vivo viajando casi todo el tiempo. Lo que yo tengo cabe en una maleta. ¿Qué clase de vida sería para ti...? Quiero decir que, ¿no te parece que el verdadero lugar para una niña está al lado de su madre?

Los tres rostros apartaron la mirada con fría expresión.

—¡Maldita sea! Si apenas sé cuidar de mí mismo, ¿cómo voy a atender a una criatura de quince años?

Miró a Sara con humilde sonrisa.

—Tú lo comprendes, ¿verdad, pequeña mía?

Hasta la impasibilidad profesional de Kittredge se alteró al escuchar las cobardes palabras de Jerry. Todos miraban ahora a éste, con más compasión que ira.

—¿Eh? ¿Qué pasa aquí? ¿Por qué me miran todos? Ya saben que no fue idea mía el venir aquí. Necesitaban a alguien que les sirviera de chivo expiatorio, ¿verdad?, para echarle toda la culpa, para hacerme quedar mal en presencia de mi hija. ¡Bien, pues no veo que esté obligado a aguantarlo ni un minuto más!

En una reacción de pánico, se puso en pie y recogió su americana, para enfilar en seguida hacia la puerta.

—¡A mí no me carga el mochuelo nadie!

Demasiado destrozada para hablar, Sara se quedó mirando a la puerta, inexpresiva. Las lágrimas se le habían secado y no le temblaban las manos, pero tenía el cuerpo entumecido y el espíritu en un estado de completa desmoralización. Jean se acercó a su hija en silencio y la rodeó con los brazos, pero Sara la rechazó. Como un autómata, Sara se puso en pie y salió del consultorio sin decir palabra.

Jean, a su vez, se levantó y la siguió, con la cabeza baja, como si estuviera en oración.

—Sara, cariño... —intentó llamarla Jean—. ¿No podríamos...?

Pero se interrumpió al notar la mirada vidriosa de su hija, y decidió conducir en silencio hasta llegar a casa.

Tan pronto como entraron, Sara se encerró en su habitación. No había dicho una sola palabra durante todo el viaje.

Llorosa, Jean se metió en la cocina para hacerse un café. Cuando hubo terminado, se bebió una taza y decidió subir a la habitación de Sara para preguntarle si tenía hambre.

Llamó a la puerta. No hubo respuesta. Jean titubeó unos instantes y luego empujó para abrir. La habitación estaba desierta. En el suelo había muchas monedas, y pedazos de la hucha de Sara.

Jean bajó corriendo la escalera y se dirigió al cobertizo. La bicicleta roja no estaba. Frenética, corrió de nuevo al salón para telefonear a Matt.

13

«¡TANTAS LLAMADAS TELEFÓNICAS! ¡Tantas malditas llamadas telefónicas sin contestar!», pensó Sara mientras rodaba hacia la playa. Y si se hubiera puesto, ¿qué, al fin y al cabo? Tampoco habría servido de nada. Sin duda evitaba el ponerse al teléfono aposta, ¡el muy bastardo! Con la de noches horribles que ella se había pasado en vela, llorando, aferrándose a la vaga esperanza de salvación que creía ver personificada en su padre. Con la de veces que había prometido venir para llevársela consigo a Oregón.

«¡Artista! Un embustero, eso es..., ¡y cobarde por más señas!», siguió pensando sin dejar de pedalear, pasando de largo por los establos donde Ken tenía su yegua para enfilar hacia la misma playa donde había tenido lugar la famosa fiesta.

Era casi de noche y la playa estaba desierta. Sara condujo la bicicleta a un lugar resguardado, y luego se dejó caer sobre la arena. Tomando un puñado, dejó correr los granos por entre sus dedos mientras miraba hacia la lejanía verde-azulada del mar. Recordó el día que ella y su padre habían pasado hablando de sus sueños, y al pensar en lo feliz que se sintió entonces, volvieron a brotarle lágrimas de los ojos. En aquel tiempo, su padre le parecía la solución a todos los problemas. Pero ahora sus sueños estaban destrozados, y tendría que plantearse sus proyectos.

«¿Y si me ahogase, qué dirían ellos? —se dijo, morbosa—. ¿Les importaría, en realidad?»

Pensó que era la mejor solución; así no tendrían que preocuparse de ella ni del porvenir que le esperaba, ni de con quién tenía que vivir. Con ese final terminarían los problemas de Sara, y los de ellos también.

Pero luego se dijo que no volvería a ver a Ken; no podría montar a Daisy ni jugar con Laurie, ni mucho menos tener hijos propios. No deseaba ahogarse..., lo que deseaba era vivir. ¡Pero *ellos* no la dejaban!

Sara apoyó la cabeza sobre las manos y se echó a llorar. Los sollozos sacudían convulsivamente su cuerpo; pero allí no había nadie que pudiera acudir a consolarla. Cuando se cansó de llorar permaneció tumbada en la arena, exhausta. La playa todavía conservaba un poco del calor del sol. Con los ojos cerrados escuchó un rato el rítmico rumor de las olas, hasta que se durmió.

CUANDO DESPERTÓ ERA YA NOCHE cerrada. Por unos momentos no supo dónde estaba, pero luego el ruido tranquilizador del oleaje la hizo volver a la realidad. Tenía la garganta seca y un dolor bien conocido atenazaba su cuerpo. Se puso en pie, notando la huella dejada por su peso en la arena. Sin duda había dormido bastantes horas, y ahora se hallaba mojada y fría. Empujó la bicicleta hasta la carretera y luego montó, enfilando hacia la ciudad. No necesitaba orientarse para saber adónde iba; era cuestión de instinto.

Después de apoyar la bicicleta al lado del escaparate, Sara aplastó la nariz contra el cristal y contempló la botella con avidez..., como un niño ante una confitería.

Una anticuada y polvorienta «rubia» frenó delante de la licorería, y su conductor, un hombre moreno de mediana edad, se dirigió hacia la entrada.

—Oiga, señor...

Sara le tendía un billete de diez dólares. Sus facciones estaban tensas, con los ojos muy dilatados.

—Hoy es el cumpleaños de mi padre, ¿sabe?, y mi madre me ha enviado a comprar un poco de vodka para añadir al ponche. ¿Querría usted hacerme el favor de entrar y comprarla?

Él bajó la mirada hacia ella con repugnancia, apartándose del billete que le ofrecía.

—No seré yo quien le compre aguardiente a ninguna criatura. Puedes decirle a tu madre que lo encargue por teléfono y se lo servirán.

Una mujer que se había detenido al lado del desconocido se disponía también a entrar en la tienda. Cuando Sara se volvió hacia ella, meneó la cabeza y apartó a la muchacha a un lado para pasar.

Luego Sara reparó en una pareja joven. Al dirigirse a ellos, se limitaron a mirarse con una sonrisa y denegaron con un gesto el favor pedido.

Desesperada, entró en la tienda procurando aparentar la mayor naturalidad posible. No se dio cuenta de que el dueño del establecimiento la vigilaba por el rabillo del ojo. Justo cuando ella echaba mano a una botella grande de vodka, se acercó por detrás y le arrebató el preciado botín.

—¿Qué diablos estás haciendo aquí, pequeña, si se puede saber? ¡Podría hacer que te detuviese la policía por esto! ¡Largo de mi vista! —exclamó, echándola de la tienda sin más rodeos.

Temblando, Sara anduvo hasta la esquina y se detuvo debajo de una farola. Estaba pálida y cubierta de un sudor frío. Bajo el alumbrado callejero, parecía un gatito perdido buscando con desesperación a su madre.

Entonces se detuvo junto a la acera una furgoneta Volkswagen bastante abollada, llena de muchachos. Una furiosa determinación hizo presa en Sara. ¿Acaso tenía algo que perder? Viéndose rechazada por su padre, despreciada por Ken, compadecida pero no amada por su madre, Sara había perdido toda perspectiva. No le quedaba en el mundo nada que pudiera importarle. Nada, excepto sentir otra vez la caricia del alcohol en su garganta. En vez de ahogarse en el océano, se ahogaría en aguardiente.

Mientras esperaba en la esquina contempló a los cuatro jóvenes, que tenían el aspecto de estudiantes y apenas aparentaban edad suficiente para que se les permitiese entrar en la licorería. Parecían alegres y ruidosos, como si se dispusieran a pasar una noche de juerga en la ciudad.

El primero en apearse de la furgoneta fue el conductor, un muchacho delgado y moreno.

Sara salió a su encuentro, cortándole el paso, y le puso frente a los ojos la mano extendida con el billete de diez dólares bien visible.

—¡Eh, chicos! ¿Os importaría comprarme media botella de vodka? Puedo pagarla.

—Que te has creído tú eso —dijo él, apartándola para pasar de largo.

—Haré todo lo que me pidas.

Se sorprendió al escuchar el sonido de su propia voz. Parecía diferente, como si perteneciese a otra persona. Era como si ella estuviera fuera de allí, mirando lo que le ocurría a la otra Sara, que no era, apenas, más que el cuerpo de la verdadera.

El conductor de la furgoneta la contempló con curiosidad. Ella se asomó al interior de la furgoneta, a través de la ventanilla, y repitió la misma oferta a los demás.

—Haré todo lo que me pidáis —dijo, mirando de muy cerca los rostros atónitos de los otros tres jóvenes.

Ellos se dieron significativos codazos, aunque con expresión de timidez, y luego asintieron todos al mismo tiempo.

—Entra —le dijo uno de los muchachos, muy corpulento y de cabello ensortijado.

Ella entregó su dinero al conductor y pasó a la banqueta trasera, pasando por encima del hércules para sentarse en medio. Experimentaba una sensación rara, como de espanto y desagrado. Pero había algo más profundo y dominante, que la incitaba a actuar como lo hacía. No era dueña de sí misma, sino que obedecía meramente a los impulsos de su cuerpo.

Los muchachos bromearon e hicieron chistes obscenos a cuenta de su presencia, principalmente para darse ánimos.

—Oye, ¿cómo te llamas? —le preguntó el ensortijado.

—Sara.

—Sara, ¿y qué más?

—Y nada más.

—Pues muy bien, señorita Sara y nada más; yo soy John, éste es Pete, el de aquí delante es Joe, y el conductor se llama Dennis.

Durante un rato siguieron haciendo chistes y guiñándose el ojo a espaldas de Sara. Por último regresó Dennis, provisto de una bolsa. Ella alargó la mano hacia el asiento delantero para coger su parte, pero él no hizo caso y puso en marcha el motor. Rodaron en silencio hasta la playa. Sara pudo oír las respiraciones jadeantes de los muchachos, y adivinó su excitación. En cambio, ella no pensaba en otra cosa sino en la botella.

Salieron todos de la furgoneta; Sara miró a Dennis con impaciencia, pero no se atrevió a ser la primera en hablar. Él sacó una botella de la bolsa y dejó la otra sobre el asiento delantero del vehículo, cuya puerta cerró luego.

Sintiéndose cada vez más enferma, Sara vio que los chicos formaban un semicírculo alrededor de ella, mientras hacían mofa enseñándole la botella y le dirigían miradas picarescas.

Pete se llevó la botella a los labios, lanzó un grito de guerra y bebió largo rato. Luego se la pasó a Joe, quien hizo lo mismo a su vez y se la pasó a John para acabar luego en manos de Dennis. Aquel sádico juego a modo de gatos con un ratón parecía divertirles mucho.

Sara estaba al borde de las lágrimas, con una mueca en el rostro y los ojos espantados. Estaban tratándola como si fuese un animal, o peor aún, y ella lo aguantaba. ¿Por qué toleraba que jugasen con ella a aquel juego degradante? Sólo para conseguir su preciosa bebida. ¡Si pudiese verla ahora su madre, o su padre! ¿Qué pensarían de ella? ¿Creerían que estaba enferma y que era preciso encerrarla? Todos estos pensamientos cruzaron por su mente mientras alargaba los brazos tratando de atrapar la botella.

—¡Eh! Y para mí, ¿qué? Yo he pagado igual que los demás.

—¡Pero si es verdad, pequeña! —exclamó John—. ¡Toma, pequeña!

Con estas palabras le arrojó la botella, pero cuando Sara fue a cogerla pasó volando fuera de su alcance, para que la atrapase Dennis. Éste la levantó por encima de su cabeza, continuando la burla.

—Vamos, chicos, no seáis pesados... —suplicó ella, y se encaminó hacia Dennis con los brazos tendidos. Joe se acercó por detrás y le hizo la zancadilla. Sara cayó arrodillada y empezó a arrastrarse sobre la arena, sin dejar de levantar los brazos en vano intento de alcanzar la botella de vodka.

—La nena quiere su biberón —se mofaron.

—Mejor será dárselo de una vez —dijo Dennis.

«Ya era hora», pensó ella mientras se ponía en pie y se acercaba al muchacho andando para aceptarla. Pero él, con una sonrisa diabólica, volvió a lanzarla por encima de la cabeza de Sara, y el malicioso juego se reanudó lo mismo que antes.

Lo hicieron durar hasta que la botella estuvo casi vacía y Sara quedó convertida en un guiñapo tembloroso y enloquecido. Cayó sobre la arena endurecida por las muchas pisadas, agotada, sollozando como un animal herido.

—¡Lo prometisteis! ¡Lo prometisteis!

—Tú también hiciste algunas promesas —le recordó John.

—Sí, sí..., por favor..., antes dame la botella.

—De acuerdo, amigos. ¡Quietos todos! —exclamó—. Hay otros juegos que pueden hacerse con una botella. El primer turno será para el ganador.

Los cuatro muchachos se arrodillaron alrededor de Sara, sobre la arena apisonada. Aturdida y con los ojos muy abiertos, Sara vio que John hacía girar la botella, derramando al hacerlo el resto de líquido, que fue absorbido en seguida por la arena. La botella dejó de girar y el gollete quedó apuntando a Dennis.

—¡Ya tenemos el primer ganador!

—No creo que..., en fin..., me parece que no tengo ganas —dijo Dennis, poniéndose nervioso de repente.

Los otros muchachos parecieron avergonzarse también de su comportamiento cuando vieron el rostro patético de Sara, surcado de lágrimas.

Pero John no cedía con tanta facilidad. Hizo girar la botella otra vez. El gollete quedó apuntando muy lejos de donde él estaba; entonces John se puso en pie y dio la vuelta hasta situarse enfrente del mismo.

—¿A que no adivináis lo que ha pasado? Creo que acabo de ganar la muñeca de la tómbola.

Recogió la botella y la contempló desde muy cerca. Quedaba poco más de un centímetro de líquido. Con una expresión cruel en los ojos, se la llevó a la boca y la vació por completo.

Sara sollozó, arrodillada todavía en el suelo.

—La tuya está en la furgoneta, cariño.

Ella se puso en pie de un salto y corrió hacia el vehículo en súbita explosión de energía. El muchacho se volvió hacia sus amigos para hacerles un gesto obsceno. Mientras los demás se apelotonaban en atemorizado grupo, él siguió a Sara.

Ésta entró en la furgoneta, mientras él ocupaba el asiento del conductor y le entregaba la otra botella. Sara la agarró con ferocidad, tratando de romper el precinto a viva fuerza. John empezó a manosearla por encima de la camisa y a tirar de los botones.

—Espera un minuto, espera un minuto —gritó Sara.

Bebió con ansiedad, a chorro, interrumpiéndose únicamente para tomar aire antes de continuar. El muchacho puso en marcha el motor y se fue a buscar otro lugar más apartado, lejos de las luces así como de las miradas de sus amigos. Se volvió hacia Sara, quien rodeaba la botella con ambos brazos como si quisiera protegerla.

—No... No te la doy. ¡Es mía!

—¡Para qué quiero yo la condenada botella! —dijo él, alargando las manos hacia Sara—. Sólo quiero que la sueltes un momento. Lo prometiste, ¿te acuerdas?

Ella le miró sin comprender, y luego recordó el acuerdo que habían convenido.

—Bien, bien, pero no la pongas muy lejos.

Él dejó la botella a los pies de Sara y se aproximó a la muchacha; el peso de su cuerpo hizo rechinar las ballestas de la furgoneta. Aproximó la cara, y ella apartó la suya. John jadeaba y le metía sus manos frías por debajo de la camisa. Cubrió el rostro de Sara de besos húmedos y babosos, y ella contuvo la respiración. La mano de él descendió hacia la cremallera de los tejanos de Sara. Ella se propuso no pensar en lo que estaba ocurriendo, sino sólo en la botella que le esperaba, como premio, cuando todo hubiera terminado.

Cerró los ojos, manteniéndolos muy apretados, y no fue más que una muñeca inerte en manos del joven.

CUANDO HUBO TERMINADO TODO, John se durmió; su pesada mole sofocaba a Sara, quien logró apartar el cuerpo con un esfuerzo y pasó al asiento delantero para vestirse. Luego abrió la puerta y miró fuera.

Los tres muchachos vieron que se encendía la iluminación interior del vehículo y se acercaron. El conductor arrastró a su amigo con cierta repugnancia hasta dejarlo dormido en el asiento delantero, y le hizo un gesto a Sara indicándole que ocupase la parte posterior.

La dejaron en la misma acera frente a la licorería, sin una palabra de despedida.

Aunque el escaparate estaba a oscuras, Sara pudo captar un débil reflejo de su persona, y se espantó al advertir el aspecto que traía. Su cabello estaba revuelto y lleno de arena; los ojos aparecían rodeados de círculos negros, y el rostro manchado por una mezcla de lágrimas y mugre. Tenía arrancado un botón de la camisa, y los pantalones tejanos arrugados. Se contempló con indiferencia; no le gustaba la imagen que veía, pero tampoco la relacionaba con ninguna persona conocida. Se sentía distante, anestesiada y embotada. Su bicicleta aún estaba apoyada en la fachada del establecimiento. Montó en ella y empezó a pedalear despacio, sin saber adónde ir. Vio las luces de las cuadras cerca de allí, y la asaltó una sensación de nostalgia. Tal vez encontraría a Ken; experimentaba la necesidad de acudir a Ken.

Después de acercarse a los corrales y establos, que

parecían desiertos a no ser por el ruido de los cascos y los resoplidos de los caballos, miró a su alrededor por si veía a Ken. En efecto, su automóvil estaba estacionado junto a la entrada que conducía a la casilla de Daisy. Apoyó la bicicleta en una valla, sacó la botella de la cesta y se dirigió hacia el establo.

Una vez dentro, descubrió que la casilla de Daisy estaba vacía, y faltaban sus arreos. Sin duda Ken había salido a dar un paseo por la playa.

Sentándose en un rincón del establo, sobre las mantas que utilizaban para algún caballo, Sara decidió esperar hasta que regresara Ken. Le quedaba casi media botella de vodka, y empezó a beber pequeños tragos. Poco a poco, y sin darse cuenta, empezaba a caer en una especie de estupor alcoholizado. Tomó un trago enorme, casi ahogándose, y se atragantó. Se puso en pie entre toses y bascas, y corrió a la puerta del establo. Luego, temblándole todo el cuerpo y sin dejar de lanzar quejidos, se limpió los labios con la manga. Pero ello no le impidió levantar en seguida la botella para beber otra vez.

Oyó un ruido de cascos y se escondió detrás de una bala de heno. Al cabo de unos momentos apareció Ken, que llevaba a Daisy de las riendas y le decía palabras cariñosas.

—Ahora vas a quedarte aquí, Daisy. Quiero llamar a mamá para decirle que iré tarde a casa.

Ató las riendas a una estaca y palmeó la grupa de la yegua antes de encaminarse hacia el teléfono.

Siempre con su botella a cuestas, Sara, dando tumbos, se acercó a la yegua y la contempló.

—¿A ti qué te parece, eh?... Digo, ¿por qué? ¿Qué te parece?

Las lágrimas resbalaron por sus mejillas y mojaron la botella; en seguida la levantó para apurar hasta la última gota antes de dejarla caer al suelo.

Con torpes movimientos puso un pie en el estribo, el cual estaba demasiado alto para ella. En una demostración de fuerza desacostumbrada, logró izarse hasta quedar sentada en la silla, y cogió las riendas. Tenía la mente en blanco de pensamientos, ocupada sólo por un terror inexplicable. Lanzando un chillido, le dio a la yegua un tremendo talonazo y luego le clavó los pies en los costados. El animal salió del establo como una flecha.

Ken, que estaba en otra de las cuadras, salió corriendo y se quedó helado de espanto.

—¡Sara! ¿Qué haces?

La yegua pasó de largo, al galope. Sara se aguantaba en la silla de puro milagro, bamboleándose como una muñeca de trapo. La yegua, espantada y desbocada, enseñando el blanco de los ojos, galopó a través del prado contiguo a los establos. Medio inconsciente, Sara tiraba de las riendas tan pronto a un lado como al otro, lo cual aumentaba la confusión y el miedo del animal, que saltó vallas y matojos. Al cabo de algunos minutos de pesadilla salieron a un camino y Daisy redujo el paso, poniéndose al trote.

Ante ellos relucían los faros de los automóviles que circulaban por la carretera. En el fondo del cerebro enloquecido de Sara surgió un vago recuerdo de algo que había ocurrido, o que había dicho Ken acerca de Daisy y los faros de los coches. Pero no conseguía precisarlo bien. Impulsivamente, dirigió la yegua hacia las luces.

A SU ALREDEDOR, LOS AUTOMOVILISTAS hacían sonar las bocinas con furia. Un hombre de uniforme se inclinaba sobre ella, apuntándole a los ojos con una linterna.

—¿Qué ha pasado? —preguntó, deslumbrada por el resplandor.

—¿Te encuentras bien, pequeña? Has estado bastante rato sin sentido.

Contempló el rostro grave de aquel desconocido. Éste hizo un ademán hacia un grupo de gente, reunida alrededor de lo que parecía un caballo tumbado en el suelo. Oyó un relincho de dolor que destrozaba los tímpanos, y entonces comprendió lo ocurrido.

—¡Daisy...! ¡Daisy...! —gritó, tratando de ponerse en pie. Consternada de miedo, vio el rostro ceñudo de Ken, mientras el policía desenfundaba el revólver.

—¡Espere! —dijo el muchacho, que tenía la cara surcada de lágrimas—. ¿No podríamos buscar otra... solución?

Se volvió hacia el veterinario, quien meneó la cabeza. El policía levantó el revólver, apuntando con cuidado, y disparó.

Al oír el estampido del disparo, Sara se despejó de golpe y volvió a la realidad, como si le hubieran echado por la cabeza un cubo de agua fría. Se acercó a Ken y le tocó el hombro.

—Lo siento, Ken..., siento haber matado a tu yegua... Ken..., mírame, por favor..., lamento no haber muerto yo también...

Él volvió los ojos hacia ella, pero sin verla, como si no estuviese allí, y luego se encaminó hacia el coche-patrulla que esperaba.

Sara le siguió con la mirada, sintiendo un dolor tan intenso como si él le hubiera asestado una puñalada en el corazón. Titubeando, se acercó hacia el cordón formado por los policías y luego, de pronto, echó a correr hacia la carretera y en dirección contraria a los automóviles que venían.

—¡Eh, tú! ¡Vuelve en seguida!

Uno de los agentes salió corriendo tras ella. Un automóvil hizo un quiebro, con tremendo chirrido de frenos. El policía la atrapó por el faldón de la camisa y la levantó en vilo, acunando en sus brazos a la criatura sollozante y temblorosa.

14

DESPUÉS DE LLAMAR AL DESPACHO de Matt, Jean marcó el número del doctor Kittredge. Le contestó una enfermera.

—Es preciso que hable con el doctor en seguida —dijo Jean—. Es muy urgente.

—Lo siento —replicó la enfermera—. El doctor está con un paciente. ¿No querría dejar el recado?

—¡Es una emergencia! —chilló Jean—. ¡Mi hija se ha escapado de casa!

—No cuelgue, señora Hodges. Voy a ver si puede ponerse.

El doctor Kittredge se puso al teléfono. Le dijo que no se alarmase, que se tranquilizase, y que telefonease al aeropuerto por si aún no había despegado el avión de Jerry.

—Es una reacción normal, después de verse rechazada por su padre. No se preocupe, señora Hodges. Procure averiguar si podemos traer en seguida al señor

Travis, para que hable con ella tan pronto como la niña sea devuelta a casa.

Jean logró comunicar con el aeropuerto a tiempo y dejó un aviso para Jerry. Luego le sobrevino un acceso de nerviosismo.

Cuando recobró el dominio de sí misma y se acercó a la ventana vio que Jerry estaba apeándose de un taxi. Corrió a abrir.

—He recibido el mensaje que diste a la dirección del aeropuerto. ¿Cuándo se fue ella?

—No lo sé —respondió Jean, llorosa—. No ha aparecido por aquí en todo el día, desde que salimos del consultorio del doctor. Matt se ha ido para hablar con la policía. ¡Oh, Jerry...! ¿Qué hemos hecho?

En ese instante regresó Matt y rodeó con los brazos a Jean.

—Lo siento, Jerry. En ninguna comisaría saben nada de ella, por ahora.

Jean miró hacia la oscuridad de la calle. Eran más de las diez. Hacía más de ocho horas que Sara faltaba de su casa. ¡Quién sabía lo que podía haberle ocurrido mientras tanto!

Al regresar al salón vio que Jerry estaba hundido en el sofá. Miraba al vacío mientras daba incesantes chupadas a su cigarrillo, con los pies distraídamente puestos sobre la mesita. De súbito, la tensión y la angustia fueron demasiado para ella, y se enfrentó con él hecha una furia.

—Supongo que ya sabes por qué lo hizo, ¿o no?

—¡Ya lo creo! ¡Porque la obligaste a visitar a ese condenado psiquiatra! Si tratas a la niña como a una neurótica, ¿cómo quieres que deje de comportarse como si lo fuese?

Matt se sintió violento al contemplar aquellos dos rostros alterados que se escupían mutuamente su odio. Se dirigió a su estudio y regresó con una botella de whisky y tres vasos. Haciendo alto en el umbral, escuchó sus mutuas acusaciones.

—Se desesperó al verse rechazada por ti; eso es lo que ha pasado —decía Jean, cada vez más iracunda.

—¿Qué yo la rechacé? Fuiste tú quien dijo que te traía sin cuidado si se quedaba o se iba.

—¿Sabes qué te digo? ¡Que tienes menos sentido común que un...!

—Tranquilízate, Jean —intervino Matt, adelantándose hacia ellos con las prendas del armisticio—. Vamos, Jerry, seamos adultos razonables. Será mejor para Sara. Anda, bebe un poco de esto..., te sentará bien.

Sirvió un vaso de whisky a Jerry y otro a Jean. Ambos lo aceptaron con gratitud, dando la bienvenida a la momentánea tregua.

Jerry hizo ademán de llevarse el vaso a los labios, pero se detuvo, con una extraña expresión en el rostro. Contempló el líquido ambarino que llenaba el vaso y lo dejó sobre la mesa con un gesto rápido.

—Creo que voy a pasar, por esta vez.

Jean también contempló largo rato el vaso que tenía en la mano, sin hacer siquiera el ademán de ir a beber, y luego imitó a Jerry dejando su vaso al lado del de éste. Ambos miraron a Matt, y al cabo de un momento éste puso cara de arrepentimiento y dejó también su bebida.

Mientras Matt retiraba la botella y los vasos, sonó el teléfono. Todos permanecieron inmóviles durante un instante largo y doloroso, mientras el estridente timbre del aparato llenaba el salón con su sonido.

—Yo contestaré —dijo Matt, acercándose al teléfono.

—¿Sí? ¿Diga?... Espere un momento, que va a ponerse su madre.

Entregó el receptor a Jean. Ella escuchó con atención, angustiada. Luego cerró los ojos en gesto de intenso alivio y colgó.

—La han encontrado. Borracha en medio de la carretera. Se la han llevado al Valley Hospital.

—¿AHORA..., AHORA VAIS a encerrarme? —gritó Sara, luchando por recobrar el aliento.

Acababa de arrojar por la ventana de la clínica el aparato purificador de agua. El suelo estaba cubierto de pedazos de vidrio. Kittredge mordía la boquilla de su pipa, sentado al lado de la cama de Sara, observándola con calma inconmovible.

Furiosa al comprobar su falta de reacción, Sara se levantó de la cama y tiró el colchón al suelo, para luego pisotearlo.

—Tú no estás loca, Sara.

—Pues, ¿qué me pasa entonces? No soy como las demás personas, doctor Kittredge.

Levantó el colchón y lo echó sobre la cama, sentándose a continuación en ella.

—Todo lo que hago me sale mal. Hago sufrir a las personas a quienes más quiero. Estropeo todo lo que toco...

Le miró a los ojos en espera de la respuesta.

—Has cruzado la línea imaginaria que te dije, y estás empezando a admitirlo.

Cuando recordó a qué se refería cruzó por

su rostro una expresión de horror, y se echó a llorar.

—He matado a la yegua de Ken.

—Es verdad. Lo hiciste.

—Jamás me lo perdonará.

—Es posible.

—Me acosté con un desconocido para que me comprase una botella —torció el gesto con repugnancia al recordarlo.

—Ésa es una acción que habrás de perdonarte tú misma.

—No me encuentro bien. ¿Para qué..., para qué habré venido a este mundo si no hago más que encontrarme mal todo el rato? ¡Haga algo! ¡Ayúdeme!

El doctor contempló a su diminuta interlocutora, enfundada en la anónima bata blanca de la clínica. ¿Cuántas veces le habían mirado aquellos ojos desesperados, que parecían siempre los mismos? Le habría gustado ser un mago, capaz de curar con sólo unos cuantos pases. Ahora Sara entraba en la fase más crítica de su tratamiento, y tendría que tratarla con mucha precaución. Después de dos días de estancia en la clínica, estaba a punto de ser dada de baja en la misma y regresar a casa.

—Yo no puedo ayudarte, Sara. Eres tú la que debes ayudarte a ti misma.

—Entonces, ¿qué clase de médico es usted?

—Tienes dos opciones a elegir. Puedes hundirte hasta el fondo de una botella y ahogarte, o puedes salir. Esa decisión no me corresponde a mí. Yo no tengo medios para convencerte ni con halagos, ni con amenazas, ni con artimañas. No hay tratamiento, ni cariño, ni ginebra con tónica que pueda ayudarte. Debes hacerlo tú sola.

—Yo sola no puedo —dijo ella con un hilo de voz.

—Sólo necesitas dar el primer paso. Luego no van a faltarte personas que te ayuden. Yo también te ayudaré.

Ella se puso en pie y se acercó a la ventana. Se quedó mirando hacia fuera, pensativa, y luego se volvió bruscamente hacia él.

—¡No! ¡Usted no querrá hacerlo!

—Tú sabes cuáles son las palabras necesarias —continuó él con su voz grave y tranquilizadora—. Yo no puedo decirlas en tu lugar. Ni puedo convencerme en tu lugar.

Ofendida y furiosa, ella le espetó estos insultos:

—¡Usted no es ningún médico! Usted es un impostor y un perverso y le gusta ver sufrir a la gente. ¡Lárguese de aquí!

—Ahí fuera esperan unas personas que desean verte.

—¡Lárguese de aquí! —gritó ella con el rostro congestionado, y se dejó caer de bruces en la cama, sollozando, dando puñetazos a la almohada.

Él se levantó despacio de la silla y salió de la habitación. Sara se incorporó, en un esfuerzo por dominarse, y le siguió con la mirada.

SARA ESPERABA EN SU HABITACIÓN, vestida con sus ropas habituales.

Entró la enfermera.

—Tus padres te esperan, Sara. ¿Estás preparada para regresar a tu casa?

Ella asintió con desgana. Anduvo hasta la puerta y la abrió para asomarse con cautela al corredor.

Jean y Matt esperaban en el vestíbulo, y se acercaron cuando la vieron asomarse. Jerry les seguía a varios pasos de distancia. Tenía un aspecto apenado y demacrado. Matt se detuvo en recepción para hablar con una enfermera.

—Ha sido una pesadilla para ti —dijo Jean, acercándose y rodeando a su hija con los brazos—. Pero en adelante las cosas serán distintas. Y lo primero que habremos de hacer todos es... olvidar lo ocurrido.

Sara recordó a la antigua Jean, la que solía hacer oídos sordos a los gritos de su hija suplicando auxilio, la que se empeñaba en dictarle cuáles debían ser sus amistades, la que hacía llover reprimendas cuando más desgraciada se sentía ella. Desde luego formaba un gran contraste con la Jean de ahora, que abrazaba a su hija con cariño, amor y ternura.

Jerry se acercó. A Sara le dio un vuelco el corazón al comprobar que había vuelto a asumir su acostumbrado aire de despreocupación. Pero esta vez le contempló con incredulidad, sin confiar en sus palabras.

—Francamente, ignoro qué bicho me picó en aquella reunión con el doctor, pequeña —dijo poniéndole la mano en un hombro—. Supongo que estaba un poco alterado. Pero si mi pequeña realmente quiere venirse conmigo a San Francisco, entonces... Dentro de pocas semanas tendré bien atado ese asunto del que te hablé y... volveremos a hablar del asunto.

Las mismas viejas historias de siempre, las mismas mentiras. ¿Cuándo aprenderían? ¿Cuándo dejarían de andar con subterfugios para con ella..., y, sobre todo, para consigo mismos?

—Me parece, mamá..., papá..., que las cosas ya no volverán a ser como antes. Porque, ¿sabéis?..., la realidad es que yo soy...

Halló la fuerza necesaria para enfrentarse a esa realidad, para decir aquellas palabras, al ver los rostros fatigados y vacíos de sus padres. Era como si hubiera comprendido que, si bien ellos no podían remediar el ser lo que eran, ella sí podía dejar de ser lo que *era*.

—Soy una alcohólica.

Jean, asombrada al principio, quiso reaccionar.

—No digas tonterías, Sara...

—Tienes algunos problemas, es verdad —quiso intervenir Jerry para quitarle importancia a la afirmación de su hija—. Todos los tenemos, ¿no? Pero estoy seguro de que podremos discutirlos.

Quiso rodearla con el brazo en plan protector, como si pretendiera privarla de ver la realidad, pero ella se apartó.

—No estáis escuchando. Me parece que no habéis oído lo que dije.

Dirigió una mirada al doctor Kittredge, quien asintió para darle ánimos.

—He dicho la verdad: soy una alcohólica.

Ahora las palabras le salían con facilidad. Así pues, Kittredge tenía razón. Después de proclamarlo para que todos lo oyeran —sus padres, ella misma—, podría seguir adelante confiando en recibir alguna ayuda. Había esperanza. Se enfrentó a sus consternados padres con renovada decisión.

—Os quiero a los dos..., y creo que seguramente vosotros también me queréis, a vuestra manera, dentro de vuestras fuerzas. Quiero que hablemos, sí. Con el doctor Kittredge. Pero no ahora. Antes debo ver a ciertas personas.

Echó a andar corredor abajo, despacio pero segura de sí misma. Al fondo, en el vestíbulo, Sara había visto dos siluetas sentadas en el sofá, esperando. Su rostro se iluminó con una sonrisa de alivio, ancha, cordial..., la primera en mucho tiempo. Carol y Bobby se pusieron en pie, sonriendo a su vez. Ella respiró hondo, y luego continuaron todos al mismo paso.

Salieron, contentos, bajando de dos en dos los escalones de la clínica, mientras los adultos les contemplaban desde la puerta.

Cuando se vieron en la calle, Sara se volvió hacia sus compañeros y exclamó:

—¡Atención! Quiero deciros una cosa, chicos. Ahora mismo me vendría bien un buen trago.

—No te preocupes —le dijo Carol tomándola de una mano, mientras Bobby hacía lo mismo con la otra—. Nosotros estaremos a tu lado.

LOS "BESTSELLERS" DE LA JUVENTUD

PREGUNTALE A ALICIA. — Diario íntimo de una joven drogada
La historia de Alicia es la de una muchacha norteamericana, que tomó drogas por primera vez sin saberlo, y que se vio envuelta en el tenebroso mundo de los adictos. Un relato alucinante que estremece por su sinceridad y verismo.

GRUPO ASESINO. — Burt Hirschfeld
Cuatro adolescentes dirigidos por una «encantadora» muchacha forman la «familia» de asesinos que jura eliminar al enemigo esencial: el padre. Una novela que ha levantado numerosas polémicas en Estados Unidos. En ella Burt Hirschfeld aborda un tema prohibido: el parricidio.

ODIARAS A TUS PADRES COMO A TI MISMO.— R. Thorp
Testimonio de la alienación de la vida cotidiana, brutal y descarnada, esta novela es la amarga y dolorosa historia de unos seres desgarrados por una época de crisis moral y de revolución en las costumbres. El autor traza un fresco patético del conflicto generacional y de la desesperada soledad del hombre en el american way of life.

LO HA DICHO HARRIET. — Beryl Bainbridge
Novela escalofriante sobre la curiosidad y los «juegos peligrosos» entre dos muchachas, una de las cuales, a falta de la guía de sus padres, buscará en su amiga Harriet al maestro que la inicie en las relaciones de los adultos. El «juego» culminará en un asesinato después de seducir a un hombre de edad avanzada.

NACIDA INOCENTE. — DiPego y Hurwood
Una novela que describe el brutal drama de las experiencias de una adolescente en un reformatorio juvenil. Chris, una muchacha de 14 años, huye de su hogar a causa de las constantes riñas familiares. Sus padres la envían a un reformatorio juvenil donde vive experiencias angustiosas. En poco tiempo su personalidad ingenua y vulnerable se transforma en la de una joven astuta y rebelde que lucha por la supervivencia.